Glutenfrei kochen

Sue Shepherd

Glutenfrei kochen

Über 120 köstliche Rezepte

UMSCHAU

Inhalt

Frühstück

Ein guter Start in den Tag – glutenfrei!

Das Frühstück ist eine wichtige Grundlage für Konzentration und Leistungsfähigkeit.

Es ist aber auch die Mahlzeit, die für eine glutenfreie Ernährung eine besondere Herausforderung darstellt, da viele Frühstückszutaten Weizen enthalten: Zerealien, Toastbrot, Brötchen, Muffins und Pfannkuchen. Selbst Hafergrütze ist bei einer glutenfreien Ernährung tabu.

Sicher haben Sie aber schon irgendwo gehört, dass das Frühstück die wichtigste Mahlzeit des Tages ist. Es verbessert die Konzentration und Leistungsfähigkeit sowohl für die Kleinen in der Schule als auch für die Großen bei der Arbeit. Es bewahrt uns außerdem davor, am späten Vormittag den Verlockungen wenig nahrhafter Snacks zu verfallen, deren Reiz nach einem guten Frühstück deutlich geringer bleibt.

Daher habe ich einige Vorschläge für das glutenfreie Alltagsfrühstück zusammengestellt, ebenso wie für besondere Gelegenheiten, wenn Sie die Zeit und Muße haben, diese Mahlzeit ausgiebig zu genießen.

Glutenfreie Frühstückszerealien Cornflakes und Puffreis scheinen auf den ersten Blick die logische Wahl zu sein, doch Vorsicht: Viele enthalten Malz (und sind daher nicht glutenfrei). Außerdem sind sie wenig nahrhaft, da sie kaum Ballaststoffe enthalten. Erkunden Sie die ständig wachsende Palette an diversen Frühstücksflocken und suchen Sie solche mit mehr Ballaststoffen, wie spezielle Müslimischungen. Sie können den Ballaststoffanteil auch selbst durch die Zugabe von Nüssen, Kernen oder Trockenfrüchten verbessern.

Glutenfreies Toastbrot Es gibt inzwischen so viele Varianten von glutenfreiem Brot, dass Sie selbst ausprobieren können, welches Ihnen am besten schmeckt. Streichen Sie einen glutenfreien Aufstrich darauf oder belegen Sie das Brot mit einer Scheibe Käse und überbacken es unter dem Grill.

Frühstücksideen für jeden Tag

- frisches Obst – ganz oder in mundgerechte Stücke geteilt, für eine gemischte Platte oder einen Obstsalat
- eingemachtes Obst aus der Dose oder dem Glas, abgetropft
- Joghurt – Naturjoghurt oder glutenfreier Fruchtjoghurt
- Smoothies
- Eier – gekocht, pochiert, als Rührei oder Spiegelei in einer beschichteten Pfanne zubereitet
- gebackene Bohnen (achten Sie darauf, dass sie glutenfrei sind) auf glutenfreiem Toast
- warm und nahrhaft: gebratener Frühstücksspeck, Spinat, Tomaten und Eier

Wochenendfrühstück

- **Spinateier mit gebackenen Balsamico-Tomaten:** Den Ofen auf 180 °C vorheizen. Vier kleine feuerfeste Auflaufförmchen fetten. Vier große Eiertomaten halbieren und mit der Schnittfläche nach oben auf ein Backblech legen. Mit 1 Esslöffel Olivenöl und 1 Teelöffel Balsamico-Essig beträufeln und würzen. 20 Minuten backen. 70 Gramm junge Spinatblätter gleichmäßig in die Auflaufförmchen verteilen und gut würzen. Je ein Ei über den Spinat schlagen und die Förmchen hin und her bewegen, damit das Eiweiß zwischen die Spinatblätter läuft. Die Förmchen in eine große Auflaufform mit Deckel setzen. Kochendes Wasser in die Form bis zur halben Höhe der Förmchen gießen, den Deckel auflegen und 10–12 Minuten backen. Die Spinateier vorsichtig aus den Förmchen stürzen. Zusammen mit den gebackenen Tomaten auf glutenfreiem Brot servieren. *Ergibt 4 Portionen.*

- **Kartoffelpuffer mit Käse und Senf:** 400 Gramm Kartoffeln reiben, ausdrücken und in einem Sieb 10 Minuten abtropfen lassen. Die geriebenen Kartoffeln mit einem verquirlten Ei, 1 Esslöffel glutenfreier Speisestärke (Maisstärke), 1 Esslöffel Ganzkornsenf und 100 Gramm geriebenem Parmesan mischen. Mit Salz und frisch gemahlenem schwarzen Pfeffer abschmecken. Alles gut vermischen, dann zu vier Kartoffelpuffern mit 5 Zentimetern Durchmesser formen. Etwas Öl in einer Pfanne erhitzen und die Puffer bei mittlerer Hitze 2 Minuten von jeder Seite goldbraun braten. Sie schmecken am besten heiß mit Eiern, gedünstetem Spinat oder gebackenen Tomaten. *Ergibt 2 Portionen.*

- **Zimt-Bananen-Pfannkuchen:** 70 Gramm feines Reismehl, 3 Esslöffel Sojamehl, 4 Esslöffel glutenfreie Speisestärke (Maisstärke), ¾ Teelöffel Natron und ¼ Teelöffel gemahlenen Zimt dreimal in eine große Schüssel sieben. Zwei verquirlte Eier mit 150 Millilitern fettarmer Milch, 2 Esslöffeln braunem Zucker und einer zerdrückten Banane vermengen. Zu den trockenen Zutaten geben und gut mischen. 40 Gramm zerlassene Butter zugeben und 10 Minuten ruhen lassen. Eine mittelgroße Pfanne bei geringer Hitze 2 Minuten vorwärmen. Die Pfanne leicht fetten, dann 3–4 Esslöffel Teig pro Pfannkuchen hineingeben. 2–3 Minuten backen, bis sich Blasen zeigen. Umdrehen und 2 Minuten von der anderen Seite backen. Den Pfannkuchen aus der Pfanne nehmen und zugedeckt warm stellen, während die restlichen Pfannkuchen zubereitet werden. Mit Zuckerrohrsirup oder Ahornsirup beträufeln und mit gerösteten Mandelblättchen bestreuen. *Ergibt 4 Portionen.*

- **Rührei mit Lachs:** 10 Eier mit 120 Millilitern Milch, 4 Esslöffeln Sauerrahm und etwas frisch gemahlenem schwarzen Pfeffer gut verquirlen. 40 Gramm Butter in einer Pfanne bei mittlerer Hitze zerlassen und die Ei-Sauerrahm-Mischung zugießen. Diese mit einem Holzspatel alle 10 Sekunden zur Mitte schieben. In 5 Minuten fast gar braten – das Rührei soll cremig und nicht trocken sein. 100 Gramm geräucherten Lachs in Streifen schneiden und kurz vor dem Servieren unterheben. Mit 1 Esslöffel fein gehacktem Dill auf glutenfreiem, getoastetem Brot servieren. *Ergibt 4 Portionen.*

◇ *Die Milch in den Zimt-Bananen-Pfannkuchen und dem Rührei mit Lachs kann durch laktosefreie Milch ersetzt werden.*

Glutenfreie Pausensnacks

Auch das Pausenbrot muss natürlich glutenfrei sein – und trotzdem schmecken!

Zusätzlich soll die Balance zwischen Nährwert und Genusswert stimmen, darin unterscheidet sich die glutenfreie Mitnahme-Mahlzeit nicht von anderen. Gängiges Brot und Gebäck sind meist aus Weizen und/oder Roggen hergestellt, kommen also nicht infrage. Ein echtes Dilemma für viele Eltern.

Ein großes Angebot an glutenfreiem Brot ist heute erhältlich als Weißbrot, Vollkornbrot, Fladenbrot und Maistortillas. Jedes Brot schmeckt anders, lassen Sie Ihrem Kind daher die Wahl. Sicher ist eines dabei, das seine Zustimmung findet.

Da Gluten für Elastizität und Feuchtigkeit sorgt, ist glutenfreies Brot oft krümelig. Es trocknet nicht so schnell aus, wenn das Brot zu Hause in der Tiefkühltruhe gelagert wird und erst in der Lunchbox auftaut. Vielleicht erlauben die Lehrer auch, dass Ihr Kind sein Brot in der Mikrowelle der Schulküche (falls vorhanden) aufbackt oder toastet. Ältere Kinder können ihr Schulbrot selbst zusammenstellen. Packen Sie Brot und Belag separat ein, dann kann das Sandwich frisch belegt werden.

Das Tauschen des Pausenbrotes ist für Kinder mit Lebensmittelunverträglichkeiten tabu, die Schule sollte darüber informiert werden. Am einfachsten ist das Tauschen zu stoppen, wenn der mitgebrachte Snack so lecker ist, dass Ihr Kind ihn gar nicht hergeben will.

Noch besser schmeckt Brot natürlich selbst gemacht. Auf den nächsten Seiten finden Sie deswegen einige leckere, einfache Brotrezepte und hilfreiche Tipps zum glutenfreien Backen.

Glutenfreie Zutaten für die Brotdose

- frisches oder eingemachtes Obst – ganz oder in mundgerechten Stücken
- Reisbällchen (siehe Seite 25)
- Gemüsesticks (Karotten- oder Paprikasticks, Kirschtomaten etc.) mit glutenfreiem Dip
- Käse in Scheiben, Würfeln oder Sticks
- glutenfreier Joghurt
- Sandwichs mit glutenfreiem Brot
- gekochte Eier
- Omelett (siehe Seite 31)
- glutenfreies Knäckebrot oder Reiswaffeln mit Aufschnitt oder Käse, Ricotta oder Quarkaufstrich, auch Erdnussbutter (falls verträglich)
- ungesalzene Nüsse (falls verträglich)
- Trockenfrüchte oder Kerne und Samen (Kürbis- oder Sonnenblumenkerne)
- Popcorn
- Salate
- herzhafte Muffins (siehe Seite 36)
- Suppen
- glutenfreie Pizza (siehe Seite 20, 29)

Glutenfrei backen

Da einige dieser Zutaten nur in Spezialgeschäften erhältlich sind, sollten Sie einen ausreichenden Vorrat anlegen. Im Glossar ab Seite 198 finden Sie Informationen zu den ausgefallenen Zutaten.

Mehl

Unverzichtbar

Maismehl (Maisstärke) – muss aus Mais bestehen; erhältlich in Supermärkten

Kartoffelmehl – erhältlich in Asia-Läden

Reismehl – möglichst feines Reismehl; erhältlich in Asia-Läden

Sojamehl – erhältlich in Reformhäusern (nehmen Sie entbittertes Mehl, falls möglich)

Tapiokamehl – erhältlich in Asia-Läden

Empfehlenswert

Amaranthmehl – erhältlich in Reformhäusern

Pfeilwurz – erhältlich in Supermärkten

Kichererbsenmehl – eine Alternative zu Soja, erhältlich in Reformhäusern und Indischen Geschäften

Buchweizenmehl – erhältlich in Reformhäusern (Achtung, manche sind Mischungen mit Weizenmehl!)

Hirsemehl – erhältlich in Reformhäusern

Quinoamehl – erhältlich in Reformhäusern

Mandelmehl – erhältlich in Supermärkten

Glutenfreies Paniermehl – erhältlich in Supermärkten

Andere Zutaten

Trockenhefe – vergewissern Sie sich, dass sie glutenfrei ist; erhältlich in Supermärkten

Glutenfreies Backpulver – erhältlich in Supermärkten

(Puder-)Zucker – erhältlich in Supermärkten

Xanthan – erhältlich in Reformhäusern

Backtipps

- Für Weizenmehl gibt es keinen direkten Ersatz. Am besten funktioniert eine Kombination aus drei oder mehr glutenfreien Mehlsorten. Eine gute Mischung für alle möglichen Gebäcksorten ist:
  2 Teile (feines) Reismehl
  1 Teil Sojamehl (entbittert)
  1 Teil ENTWEDER Kartoffelmehl ODER Maismehl (Maisstärke) ODER Tapiokamehl

- Die Schwierigkeit beim Backen besteht darin, die Klebeeigenschaften des Glutens zu ersetzen und einen elastischen Teig hinzubekommen. Dabei helfen natürliche Bindemittel wie Xanthan oder Guarkernmehl bzw. Johannisbrotkernmehl.

- Glutenfreie Mehlmischungen sollten dreifach gesiebt werden, damit sie gleichmäßig gemischt und belüftet sind. Triebmittel (wie glutenfreies Backpulver und Natron) sowie pflanzliche Bindemittel werden gemeinsam mit dem Mehl gesiebt.

- Glutenfreie Backwaren trocknen schneller aus als Gebäck mit Weizenmehl. Es ist daher sinnvoll, Brot oder Kuchen in Scheiben zu schneiden oder in Muffinformen zu backen und einzufrieren, was nicht direkt verzehrt wird. Das Auftauen ist kein Problem und die Versorgung mit frischem Gebäck so gewährleistet. Trockenes oder altbackenes Brot wird in der Mikrowelle in 20–30 Sekunden bei voller Leistung wieder frisch.

- Sorgen Sie in Ihrer Vorratshaltung für eine strikte Trennung zwischen glutenhaltigen und glutenfreien Vorräten, damit nicht aus Versehen eine Verwechslung geschieht. Kennzeichnen Sie Zutaten, die Sie aus der Verkaufsverpackung in eigene Behälter umfüllen, klar und deutlich.

- Benutzen Sie beim Backen Backpapier. Es dient zum Auslegen von Formen und Backblechen und erleichtert das Ausrollen von glutenfreiem Teig zwischen zwei Lagen Papier.

- Glutenfreies Backen verzeiht weniger Fehler als Backen mit Weizenmehl. Halten Sie sich daher genau an die Rezepte. Stellen Sie sicher, dass der Ofen die richtige Temperatur hat und befolgen Sie die angegebenen Backzeiten.

- Ein Hinweis für die Naschkatzen, die gern die Teigschüssel ausschlecken: Sojamehl ist ein wichtiger Bestandteil der glutenfreien Bäckerei, aber der rohe Kuchen- oder Plätzchenteig kann leicht bitter schmecken. Keine Sorge – das bittere Aroma verschwindet beim Backen. Sie können entbittertes Sojamehl kaufen, was wir auch empfehlen.

Kürbisbrot

Dieses Brot ist nicht sehr herzhaft, aber auch nicht wirklich süß. Ein leckeres Brot für jede Tageszeit also.

Ergibt 10–12 Portionen

125 g Butter (Zimmertemperatur), in Stückchen
135 g brauner Zucker
2 Eier
400 g Kürbis, püriert
3 EL Milch
140 g Reismehl
75 g glutenfreies Maismehl (Maisstärke)
45 g entbittertes Sojamehl
2 EL Instant-Polenta
1 TL Zimt
2 TL glutenfreies Backpulver
1 TL Natron
1 TL Xanthan (nach Belieben)

Den Ofen auf 170 °C vorheizen. Eine Kastenform (9 x 19 Zentimeter) leicht fetten und mit Backpapier auslegen.

Die Butter mit dem braunen Zucker dick und cremig schlagen. Die Eier einzeln zugeben. Den Kürbis und die Milch hinzufügen und leicht schlagen.

Die Mehle, die Polenta, den Zimt, das Backpulver, das Natron und das Xanthan dreimal in eine Schüssel sieben oder mit einem Schneebesen sehr sorgfältig vermischen. Vorsichtig unter die Kürbismischung heben.

Den Teig in die Kastenform geben und 45 Minuten backen. Mit Alufolie abdecken und weitere 15 Minuten backen. Das Brot ist perfekt, wenn ein Holzspieß, der in die Mitte gestochen wird, sauber herauskommt. 15–20 Minuten in der Form abkühlen lassen, dann auf ein Gitter setzen.

◇ *Die Milch kann durch laktosefreie Milch ersetzt werden.*

Maisbrot

Es lohnt sich, verschiedene Brotvarianten auszuprobieren. Ich bin sicher, dass Sie dieses Maisbrot lieben werden. Getoastet und mit einem Olivenaufstrich ist es besonders köstlich.

Ergibt 10–12 Portionen

115 g feines Reismehl
45 g Tapiokamehl
1 TL Xanthan (nach Belieben)
3½ TL glutenfreies Backpulver
1 TL Salz
170 g Polenta
2 EL Zucker
240 ml Milch
3 EL Olivenöl
1 Ei, leicht verquirlt

Den Ofen auf 220 °C vorheizen. Eine Kastenform (11 x 22 Zentimeter) mit Olivenöl fetten. Die Form mit glutenfreiem Mehl bestäuben, Überschüsse ausschütten.

Die Mehle, das Xanthan, das Backpulver und das Salz dreimal in eine Schüssel sieben oder mit einem Schneebesen sehr sorgfältig vermischen. Nun Polenta, Zucker, Milch, Olivenöl und Ei zugeben und gut mischen.

Den Teig in die Form füllen und 25–30 Minuten backen. Ein in die Mitte gestochener Holzspieß sollte sauber herauskommen. Etwa 5 Minuten in der Form, dann auf einem Gitter auskühlen lassen. Lauwarm servieren oder unter dem Grill auf beiden Seiten rösten.

◇ *Die Milch kann durch laktosefreie Milch ersetzt werden.*

Leckere Alternativen zum Pausenbrot

- **Mini-Hawaii-Pizza:** Den Ofen auf 180 °C vorheizen. Zwei Backbleche mit Backpapier auslegen. Dann einen Grundhefeteig bereiten (Mengen und Zubereitung wie bei der Pesto-Pizza Seite 29). Mit einem Ausstechring kleine Teigkreise aus dem Pizzaboden ausstechen. 2 Teelöffel Olivenöl in einer schweren Pfanne bei mittlerer Hitze erwärmen und 300 Gramm Speckwürfel kross braten. Die Pfanne vom Herd nehmen und 200 Gramm glutenfreien gekochten Schinken zugeben. Die Pizzaböden mit Tomatenmark und zerstoßenem Knoblauch bestreichen. Die Schinkenmischung sowie 420 Gramm Ananasstückchen aus der Dose darauf verteilen. Geriebenen Mozzarella darübergeben. 15 Minuten backen, bis der Käse geschmolzen ist. *Ergibt 20 Stück.*

- **Gebratene Reisnudelnester:** 375 Gramm trockene Reisnudeln in 5–10 Zentimeter lange Stücke brechen. In heißem Wasser 4–5 Minuten einweichen. Abgießen, abspülen und in eine große Schüssel geben. Drei leicht verquirlte Eier in einer leicht gefetteten Pfanne bei mittlerer Hitze unter regelmäßigem Rühren garen. Die Eier aus der Pfanne nehmen und beiseitestellen. 200 Gramm Speckwürfel in die Pfanne geben und knusprig braten. Die Pfanne vom Herd nehmen. Das Rührei, 70 Gramm tiefgekühlte Erbsen-Mais-Mischung, drei zerstoßene Knoblauchzehen, 2 Esslöffel Sesamöl, 80 Milliliter glutenfreie Sojasauce, 2 Esslöffel glutenfreies Maismehl (Maisstärke), Salz und Pfeffer zu den Nudeln geben. Sorgfältig vermischen. Eine Pfanne und einige Ringformen zum Anrichten leicht fetten und die Ringe in die Pfanne legen. Jeweils etwas von der Nudelmischung in die Ringe geben und 2–3 Minuten von jeder Seite braten. Die Nudelnester mit einem Messer aus dem Ring lösen. *Ergibt 15–20 Stück.*

- **Kartoffel-Tortilla mit Käse und Kräutern:** Eine runde Auflaufform (23 Zentimeter Durchmesser) fetten. Zwei zerdrückte Knoblauchzehen in 80 Gramm Butter bei mittlerer Hitze 1–2 Minuten goldgelb dünsten. 1 Kilogramm dünn gehobelte Kartoffelscheiben zugeben und mit Salz und Pfeffer würzen. 20 Minuten zart garen, dabei gelegentlich vorsichtig rühren, damit die Kartoffeln gleichmäßig garen. Die Pfanne vom Herd nehmen. Die Kartoffelscheiben in die Auflaufform schichten. Den Ofen auf 180 °C vorheizen. Acht Eier mit 5 Esslöffeln gehackten Kräutern (z. B. Petersilie, Rosmarin oder Thymian), Salz und Pfeffer leicht verquirlen. Die Ei-Mischung über die Kartoffeln gießen und die Form leicht schwenken, damit die Ei-Mischung sich gut verteilt. Mit 3 Esslöffeln geriebenem Parmesan bestreuen und 15–20 Minuten backen. 10 Minuten ruhen lassen und dann in kleine Stücke schneiden. *Ergibt 6–8 Portionen.*
- **Tandoori-Hühnchen-Omelett-Wrap:** Etwas Olivenöl in einer Pfanne bei mittlerer Hitze erwärmen. 300 Gramm mageres Hühnchenfleisch in Streifen schneiden, in 2 Esslöffeln glutenfreier Tandooripaste wenden und in 3–5 Minuten gar braten. Beiseitestellen. Sechs Eier bereitlegen. Eine mittelgroße beschichtete Pfanne fetten. Ein Ei in einer Schüssel leicht verquirlen, in die Pfanne gießen und gut auf dem Pfannenboden verteilen. 30–60 Sekunden backen, dann mit einem Holzspatel vorsichtig wenden. Beiseitestellen. Fünf weitere Omeletts backen. Eine Handvoll grüne Salatblätter in feine Streifen und zwei Tomaten in Scheiben schneiden. Die Omeletts flach ausbreiten. Das Hühnchen auf die sechs Omeletts in einer Reihe von der Mitte zum oberen Rand verteilen. Salat, Tomatenscheiben und etwas Naturjoghurt daraufgeben. Die untere Hälfte des Omeletts nach oben schlagen. Die Omeletts von links nach rechts aufrollen. *Ergibt 6 Portionen.*

Häppchen

Reisbällchen mit Spinat und Feta

Das Grundrezept kann durch verschiedenste Zutaten variiert werden, aber ich liebe besonders die köstliche Mischung aus Spinat, Feta und Pinienkernen.

Ergibt ca. 30 Stück

400 g weißer Reis
2 Eier, leicht verquirlt
125 g gekochter Spinat, gehackt
230 g geriebener Parmesan
100 g weicher Feta, zerdrückt
3 EL Pinienkerne, geröstet
100 g Maismehl (Maisstärke)
2 Eier, leicht verquirlt
250 g glutenfreies Paniermehl
Pflanzenöl zum Frittieren
Zitronenspalten und Parmesanspäne (nach Belieben)
Salz und schwarzer Pfeffer, frisch gemahlen

Den Ofen auf 150 °C vorheizen. Den Reis nach Herstellerangaben kochen und auf Zimmertemperatur abkühlen lassen.

Den kalten Reis, die Eier, den Spinat, den Parmesan, den Feta und die Pinienkerne gut vermischen und mit Salz und Pfeffer abschmecken. Die Mischung zu kleinen Kugeln von etwas mehr als Golfballgröße formen. Mindestens 1 Stunde kalt stellen.

Drei Teller bereitstellen: Das Maismehl auf einen Teller, die zusätzlichen Eier auf den zweiten und das Paniermehl auf den dritten Teller geben. Die Reisbällchen leicht mit Maismehl bestäuben, im Ei wälzen und mit dem Paniermehl panieren. Die fertigen Bällchen auf ein Backblech setzen.

Einen hohen Topf oder eine Fritteuse zur Hälfte mit Öl füllen und auf 190 °C erhitzen. Das Öl ist heiß, wenn ein Brotwürfel darin in 15 Sekunden bräunt. Jeweils drei bis vier Reisbällchen für 3–4 Minuten goldbraun frittieren. Die fertigen Bällchen mit einem Schaumlöffel herausheben und auf Küchenpapier abtropfen lassen. Auf einem Backblech im Ofen warm halten, während die restlichen Reisbällchen frittiert werden. Heiß mit Zitronenspalten und gehobeltem Parmesan servieren.

Herzhafte Pilzhappen

Die Pilzköpfe sind eine exzellente Alternative, wenn man glutenfreie gefüllte Leckereien zubereiten will. Der Fantasie sind keine Grenzen gesetzt, als Füllung eignet sich fast alles.

Ergibt 15 Stück

15 mittelgroße, junge Champignons

2 EL entsteinte schwarze Oliven

70 g getrocknete Tomaten

5 EL Basilikum

1 EL Olivenöl

2 EL glatte Blattpetersilie zum Garnieren, gehackt

Salz und schwarzer Pfeffer, frisch gemahlen

Den Ofen auf 180 °C vorheizen und ein Backblech fetten. Die Pilze mit einem feuchten Küchentuch säubern und die Stiele entfernen. Die Pilzköpfe auf ein Backblech setzen.

Nun die Oliven mit den Tomaten, dem Basilikum, dem Olivenöl, dem Salz und dem Pfeffer mischen und im Mixer oder Mörser pürieren.

Jeweils ½ Teelöffel der Mischung in einen Pilz geben und 5–10 Minuten backen. Aus dem Ofen nehmen und mit Alufolie abgedeckt 2 Minuten ruhen lassen, damit die Pilze weich werden. Die Folie entfernen. Mit gehackter Petersilie bestreuen und warm servieren.

Pesto-Pizza

Pesto ist ein Aromawunder und Pizza beliebt bei Jung und Alt. Zusammen sind sie unwiderstehlich.

Ergibt 6 kleine Pizzen

500 g Vollkornreismehl

1 EL Xanthan

1½ EL fettarmes Milchpulver

1 Prise Salz

1½ Päckchen Trockenhefe (à 7 g)

1½ TL Kristallzucker

2 Eier, verquirlt

1½ EL Olivenöl

3 EL fertiges, glutenfreies Pesto

120 g geriebener Mozzarella

3 reife Tomaten, in Scheiben geschnitten

200 g Bocconcini (Baby-Mozarellakugeln aus Büffelmilch), in Scheiben geschnitten

einige Basilikumblättchen zum Garnieren

Den Ofen auf 180 °C vorheizen. Zwei bis drei Backbleche mit Backpapier auslegen.

Für den Pizzateig das Mehl mit Xanthan, Milchpulver und Salz in einer Teigschüssel vermengen. In einer zweiten Schüssel Hefe, Zucker und 350 Milliliter warmes Wasser verrühren und an einem warmen Ort 10 Minuten ruhen lassen, bis der Vorteig schaumig ist. Die Hefemischung mit Eiern und Öl zu den trockenen Zutaten geben und gründlich vermengen. Auf einer leicht bemehlten Oberfläche 5 Minuten kneten.

Abgedeckt an einem warmen Platz etwa 1 Stunde gehen lassen, erneut durchkneten und ausrollen. Sechs Pizzaböden aus dem Teig ausstechen.

Das Pesto auf die Böden und den geriebenen Mozzarella auf dem Pesto verteilen. Die Tomaten- und Bocconcini-Scheiben abwechselnd auf die Böden legen. 15 Minuten backen, bis der Käse geschmolzen ist. Für einen krossen Boden die Pizza auf einem Gitter backen. Mit Basilikumblättchen garnieren und sofort servieren.

Krabben-Chili-Omelett

Krabben-Chili-Omelett

Hier wird das Omelett nicht gefüllt, sondern gleich mit dem Krabbenfleisch gebacken. Die Zugabe der Chilis ist das Tüpfelchen auf dem i.

Ergibt 4 Portionen

8 Eier
200 g frisches Krabbenfleisch
120 g Cheddar, gerieben
1–2 kleine, frische rote Chilis, entkernt und gehackt
1 Knoblauchzehe, zerdrückt
1 EL Petersilie, gehackt
1 EL Sesamöl
Salz und schwarzer Pfeffer, frisch gemahlen

Den Ofen auf 150 °C vorheizen.

Die Eier mit dem Krabbenfleisch, der Hälfte des Cheddars, den Chilis, dem Knoblauch und der Petersilie verquirlen und mit Salz und Pfeffer abschmecken. Etwas Sesamöl in einer Pfanne bei mittlerer Hitze erwärmen. Ein Viertel der Eimischung zugießen und stocken lassen. Die Oberfläche darf noch flüssig sein. Das Omelett vorsichtig mit einem Pfannenwender von der Pfanne lösen. Die Pfanne unter den heißen Grill stellen, bis auch die Oberfläche gestockt ist.

Eine Handvoll des übrigen Cheddars auf die obere Hälfte des Omeletts streuen und die untere Hälfte überschlagen. Das Omelett im Ofen warm halten, während die anderen zubereitet werden. Alternativ ein großes Omelett zubereiten und vor dem Servieren in vier Stücke teilen.

Asiatisches Pilz-Omelett

Für die Austern- und Enoki-Pilze gibt es keine Alternative. Sie sind sehr aromatisch und gehören zu diesem asiatischen Gericht einfach dazu.

Ergibt 4 Portionen

1 EL Sesamöl
1 Knoblauchzehe, zerdrückt
200 g Austernpilze, in Scheiben geschnitten
100 g Enoki-Pilze
1 Handvoll gehackten Chinakohl
8 Eier
3 EL glutenfreie Austernsauce
Salz und schwarzer Pfeffer, frisch gemahlen

Den Ofen auf 150 °C vorheizen.

Das Sesamöl in einer Pfanne erhitzen und den Knoblauch, die Pilze und den Kohl bei mittlerer Hitze 5–8 Minuten darin weich dünsten. Die Pfanne vom Herd nehmen.

Die Eier verquirlen, die Pilzmischung und die Austernsauce zugeben und mit Salz und schwarzem Pfeffer abschmecken. Ein Viertel dieser Mischung in einer kleinen Pfanne stocken lassen. Die Oberfläche darf noch flüssig sein. Das Omelett vorsichtig mit einem Pfannenwender von der Pfanne lösen. Die Pfanne unter den heißen Grill stellen, bis auch die Oberfläche gestockt ist.

Das Omelett zur Hälfte falten und im Ofen warm halten, während die anderen zubereitet werden. Alternativ ein großes Omelett zubereiten und vor dem Servieren in vier Stücke teilen.

Tomaten-Ziegenkäse-Häppchen

Ein knuspriges Fladenbrot und die frischen Aromen des Belags sind die perfekten Knabbereien zu einem Drink. Glutenfreies Fladenbrot ist heute in Reformhäusern oder größeren Supermärkten leicht erhältlich.

Ergibt 40–45 Stück

5 glutenfreie Fladenbrote
3 Zucchini, halbiert und fein gehobelt
3 EL Olivenöl extra vergine
2 Tomaten, fein gehackt
2 EL Balsamico-Essig
250 g Feta
200 g Ziegenkäse
2 EL fettarme Milch
2 EL Oregano, fein gehackt
Salz und schwarzer Pfeffer, frisch gemahlen

Den Ofen auf 200 °C vorheizen und zwei Backbleche fetten. Das Fladenbrot in etwa 3 x 3 Zentimeter große Quadrate schneiden, auf die Backbleche setzen und 5 Minuten knusprig backen. Aus dem Ofen nehmen und auf einem Gitter ganz abkühlen lassen.

Die Zucchini in 1 Esslöffel Olivenöl bei mittlerer Hitze 2 Minuten bissfest garen. Mit den Tomaten, dem Essig und dem restlichen Olivenöl mischen und mit Salz und Pfeffer abschmecken. Zugedeckt 3–4 Stunden kalt stellen.

Anschließend den Feta mit dem Ziegenkäse und der Milch in einem Schüsselchen cremig rühren. Dann immer je 1 Teelöffel der Käsemischung und 1 Teelöffel der Tomatenmischung auf die Fladenbrotstückchen geben. Mit etwas Oregano und Pfeffer bestreuen und servieren.

◇ *Normale Milch kann durch laktosefreie Milch ersetzt werden.*

Frittata aus Süßkartoffeln, Mais und Käse

Gemüsepuffer mit Curry

Diese Gemüsepuffer geben, mit einem Salat dazu, ein ausgezeichnetes Hauptgericht ab. Machen Sie am besten gleich mehr als nötig, denn am nächsten Tag sind sie auch kalt ein köstlicher Lunch für unterwegs.

Ergibt 4 Portionen

3 große Kartoffeln, geviertelt

450 g fester Tofu, fein gehackt

1 Selleriestange, in sehr feine Scheiben geschnitten

½ rote Paprika, entkernt und gewürfelt

3 EL Maiskörner aus der Dose

2 Eier

1 EL Kreuzkümmel, geröstet

4 EL glutenfreies Currypulver

160 g glutenfreies Paniermehl

Pflanzenöl zum Frittieren

Salz und schwarzer Pfeffer, frisch gemahlen

Die Kartoffeln kochen, abgießen und mit einem Kartoffelstampfer zerdrücken. Etwas abkühlen lassen.

Die zerdrückten Kartoffeln mit dem Tofu, dem Sellerie, der Paprika, dem Mais, den Eiern, dem Kreuzkümmel, dem Curry und der Hälfte des Paniermehls mischen und mit Salz und Pfeffer abschmecken. Zugedeckt 1 Stunde kalt stellen.

Das restliche Paniermehl auf einen Teller streuen. Die Kartoffelmischung zu acht runden Puffern formen und in dem Paniermehl wälzen.

Die Gemüsepuffer bei mittlerer Hitze in etwas Öl jeweils 5–6 Minuten von beiden Seiten gar braten.

Frittata aus Süßkartoffeln, Mais und Käse

Frittata ist ein Gericht, das tausendundein Aroma haben kann. Diese hier ist sättigend, preiswert und kommt ohne Kuhmilchprodukte aus. Als Beilage eignet sich ein Salat mit Olivenöl und Balsamico-Essig.

Ergibt 4–6 Portionen

400 g Süßkartoffeln, in 5 cm dicke Scheiben geschnitten

6 Eier, leicht verquirlt

420 g glutenfreier Sahnemais aus der Dose

2 Knoblauchzehen, zerdrückt

100 g Ziegenkäse, zerkrümelt

Salz und schwarzer Pfeffer, frisch gemahlen

Den Ofen auf 180 °C vorheizen. Eine eckige Auflaufform (16 Zentimeter) fetten.

Die Süßkartoffel bei mittlerer Hitze ca. 10 Minuten weich garen. Abgießen, abkühlen lassen und in feine Scheiben schneiden.

Die Eier, den Sahnemais und den Knoblauch vermischen und mit Salz und Pfeffer abschmecken.

Die Süßkartoffel mit dem Ziegenkäse in die Auflaufform schichten, dann die Eimischung darübergießen. Die Form leicht rütteln, damit sich das Ei gut verteilt. Für 25–30 Minuten goldgelb backen. 5 Minuten ruhen lassen oder abgekühlt servieren.

Mini-Lachsmuffins mit Limettensauce

Statt in Muffinförmchen können die Zutaten auch zu kleinen Kugeln gerollt auf einem Backblech zubereitet werden.

Ergibt 12–15 Stück

3 Knoblauchzehen, zerdrückt
2 TL Sesamöl
1 TL Zitronengras, gehackt
1 TL frische rote Chilis, entkernt und gehackt
1 EL Ingwer, gehackt
2 EL Fischsauce
1 Ei, verquirlt
2 EL Korianderblätter, gehackt
415 g Lachs aus der Dose

SAUCE

120 ml Reiswein-Essig
3 EL Zucker
2 EL Limettensaft
1 große, frische rote Chili, entkernt und in feine Streifen geschnitten

Den Ofen auf 180 °C vorheizen. Zwölf bis fünfzehn Muffinförmchen leicht fetten.

Den Knoblauch mit dem Sesamöl, dem Zitronengras, der gehackten Chili, dem Ingwer, der Fischsauce, dem Ei, dem Koriander und dem Lachs im Mixer pürieren.

Die Lachsmischung in die Muffinförmchen geben und 10–15 Minuten goldbraun backen.

Für die Sauce alle Zutaten gut mischen. Die Lachsmuffins mit der Sauce servieren.

Käse-Mais-Puffer

Diese Puffer sind einfach zubereitet und immer köstlich. Ob als Fingerfood für die Party oder zum Mitnehmen, aber auch als Teil eines entspannten Sonntagbrunchs.

Ergibt 15–20 Stück

100 g feines Reismehl
60 g Sojamehl
170 g feine Polenta
¾ TL Natron
1 TL Xanthan (nach Belieben)
2 Eier, leicht verquirlt
300 ml Milch
230 g geriebener Parmesan
1 Dose Mais, abgetropft
1 kleiner Zucchino, gerieben
40 g Butter, zerlassen

Die Mehle, die Polenta, das Natron und das Xanthan dreimal in eine Schüssel sieben oder mit einem Schneebesen sehr sorgfältig vermischen. Die Eier mit der Milch, dem Parmesan, dem Mais und der Zucchini mischen und zu den trockenen Zutaten geben. Mit einem Löffel alles gut vermengen. Die zerlassene Butter unterheben und 10 Minuten ruhen lassen.

Eine mittelgroße Pfanne bei mittlerer Hitze 2 Minuten vorwärmen. Die Pfanne leicht fetten, dann 2 Esslöffel Teig pro Puffer hineingeben.

2–3 Minuten braten, bis Blasen sichtbar werden. Wenden und 2 Minuten weiterbraten. Warm mit Butter oder fettarmem Frischkäse bestrichen servieren.

◇ *Normale Milch kann durch laktosefreie Milch ersetzt werden.*

Halloumi-Gemüse-Puffer

Salziger Halloumi-Käse ist die perfekte Grundlage für diese herzhaften Puffer. Sie schmecken einfach pur oder mit Salsa oder Guacamole.

Ergibt 8–10 Stück

100 ml leichtes Olivenöl
1 rote Paprika, fein gewürfelt
200 g junge Champignons, in Scheiben geschnitten
180 g Halloumi, gerieben
40 g glutenfreies Mehl
2 Eiweiß, leicht verquirlt
Salz und schwarzer Pfeffer, frisch gemahlen

Die Paprika und die Pilze in 2 Esslöffeln Olivenöl bei starker Hitze 5–6 Minuten dünsten, dabei leicht bräunen. Beiseitestellen und etwas abkühlen lassen.

Die Paprika-Pilz-Mischung mit dem Halloumi, dem Mehl und dem Eiweiß mischen und mit Salz und Pfeffer abschmecken. Dann 10 Minuten ruhen lassen.

Jeweils 1 Esslöffel Teig pro Puffer in dem restlichen Öl bei mittlerer Hitze 1 Minute braten. Den Puffer wenden, mit der Rückseite eines Löffels flachdrücken und 1 weitere Minute goldbraun backen. Die fertigen Gemüsepuffer auf Küchenpapier abtropfen lassen, dabei mit einem Küchentuch abdecken und warm servieren.

Orientalische Frikadellen

Diese Fleischbällchen sind leicht zubereitet und bersten förmlich vor orientalischen Aromen. Ein Fest für jede Gelegenheit.

Ergibt ca. 50 Stück

650 g Rinderhackfleisch
½ TL Chilipulver
1½ TL Kreuzkümmelsamen
1 EL gemahlener Kreuzkümmel
60 g Mandelmehl
3 EL Tomatenmark
2 Eier
Salz und schwarzer Pfeffer, frisch gemahlen

Den Ofen auf 180 °C vorheizen.

Das Rinderhackfleisch mit dem Chilipulver, den Kreuzkümmelsamen, dem gemahlenen Kreuzkümmel, dem Mandelmehl, dem Tomatenmark und den Eiern mischen. Mit Salz und Pfeffer abschmecken.

Die Fleischmasse zu 50 walnussgroßen Kugeln formen.

Die Frikadellen auf ein Backblech setzen und mit Alufolie abdecken. 20 Minuten im Ofen garen.

Halloumi-Gemüse-Puffer

Salate und Dips

Sesam-Hühnchen-Salat

Die Art der Zubereitung ist entscheidend für die Zartheit des Hühnchens.

Ergibt 4 Portionen

1 Eiweiß, leicht verquirlt

½ TL Salz

1 EL Zitronensaft

1 EL glutenfreies Maismehl (Maisstärke)

500 g Hühnchenbrust, ohne Haut, in Streifen geschnitten

2 EL Sesamöl

2 EL Sesamsamen

Salat

100 g junge Spinatblätter

80 g Zuckererbsensprossen

200 g Zuckererbsen, ohne Spitzen und Stiel, halbiert

200 g Kirschtomaten, halbiert

1 Avocado, gewürfelt

½ grüne Paprika, entkernt und in Streifen geschnitten

Dressing

1 EL Sesamöl

3 EL Sushi-Essig

1 Knoblauchzehe, zerdrückt

1 EL Korianderblätter, gehackt

60 g Erdnüsse, grob gehackt

Das Eiweiß mit dem Salz, dem Zitronensaft und dem Maismehl mischen. Das Hühnchenfleisch darin wenden und zugedeckt 30 Minuten kalt stellen.

Die Salatzutaten mischen. Die Zutaten für das Dressing in ein Schraubdeckelglas füllen und gut schütteln.

In einem mittelgroßen Topf Wasser mit 1 Esslöffel Sesamöl aufkochen. Das Hühnchenfleisch in das kochende Wasser geben, 1 Minute unter ständigem Rühren garen und abgießen.

Das pochierte Hühnchenfleisch mit den Sesamsamen dann in dem restlichen Sesamöl bei mittlerer Hitze 3–5 Minuten goldbraun braten.

Das Salatdressing über den Salat geben und gut mischen. Die Hühnchenfleischstreifen auf dem Salat verteilen und sofort servieren.

Hühnchensalat nach Thai-Art

Ich habe diesen Salat für eine öffentliche Veranstaltung letzten Sommer kreiert. Er war solch ein Hit, dass ich an Ort und Stelle beschloss, ihn in mein nächstes Kochbuch aufzunehmen.

Ergibt 4 Portionen

1 große Karotte

½ Chinakohl

300 g Hühnchenbrust

500 ml Hühnerbouillon

3 EL Minze, gehackt

3 EL Koriander, gehackt

Dressing

1 TL Ingwer

1 Zitronengrasstange

3 EL Limettensaft

2 TL glutenfreie Sojasauce

1 EL glutenfreie süße Chilisauce

1 EL Fischsauce

1 TL brauner Zucker

Die Karotte schälen und grob raspeln. Dann den Chinakohl unter fließendem Wasser säubern und in feine Streifen schneiden. Die Hühnchenbrust in etwas Hühnerbouillon zart gar kochen und anschließend in kleine Stücke teilen. Anschließend die Karotte, den Chinakohl, die Minze, den Koriander und das Hühnchenfleisch vorsichtig vermengen.

Den Ingwer reiben und das Zitronengras fein hacken. Mit den anderen Zutaten für das Dressing in ein Schraubdeckelglas füllen und schütteln. Über den Salat geben und sorgfältig vermischen. Sofort servieren.

Walnuss-Salat mit Blauschimmelkäse

Walnuss-Salat mit Blauschimmelkäse

Die Birne in diesem Rezept passt hervorragend zu Walnüssen und Blauschimmelkäse. Alternativ zur Birne kann man getrocknete Tomaten nehmen, das Ergebnis ist ebenso köstlich.

Ergibt 4 Portionen als Vorspeise
40 g Walnüsse
2 EL Vollei-Mayonnaise
1 EL Rotwein-Essig
1 TL glutenfreier Dijon-Senf
120 g Rucola
150 g junger Spinat
2 Birnen
150 g Blauschimmelkäse
Salz und schwarzer Pfeffer, frisch gemahlen

Die Walnüsse in einer Pfanne ohne Fett rösten und anschließend hacken. Mit der Mayonnaise, dem Essig und dem Senf in ein Schraubdeckelglas füllen. Mit Salz und Pfeffer abschmecken und kräftig schütteln.

Den Rucola sowie den Spinat gründlich unter fließendem Wasser säubern und gut abtropfen lassen. Die Birnen waschen, vierteln, entkernen und in feine Scheiben schneiden. Mit den Spinatblättern, dem Rucola und dem zerkrümelten Blauschimmelkäse mischen. Das Dressing erst kurz vor dem Servieren über den Salat geben.

Spinatsalat

Ich mache diesen Salat häufig als Alternative zu gewöhnlichem grünen Salat. Die Fülle der Zutaten verbindet sich zu einer delikaten Beilage.

Ergibt 4 Portionen
4 Knoblauchzehen
3 EL Olivenöl
2 EL Balsamico-Essig
2 EL Vollei-Mayonnaise
3 Eier
190 g Kastanien aus der Dose
100 g junge Champignons
3 EL Pinienkerne
150 g junge Spinatblätter
Salz und schwarzer Pfeffer, frisch gemahlen

Den Knoblauch schälen und fein zerdrücken. Mit dem Olivenöl, dem Essig und der Mayonnaise in ein Schraubdeckelglas füllen und kräftig schütteln. Während der Zubereitung des Salats das Glas alle 5 Minuten 30 Sekunden schütteln.

Die Eier hart kochen. Gründlich abschrecken, pellen und in kleine Stücke hacken. Die Kastanien abtropfen lassen und dann ebenfalls fein hacken. Dann die Champignons putzen und in Scheiben schneiden. Mit den Kastanien, den Eiern und den Pinienkernen mischen.

Die Spinatblätter unter fließendem Wasser gründlich säubern und abtropfen lassen. In eine Servierschüssel geben, die Eimischung zugeben und vorsichtig unterheben. Das Dressing über den Salat träufeln, abschmecken und alles vorsichtig vermengen.

Polenta mit Spinatsalat

Polenta ist ein verkanntes Genie. Sie ist vielfältig, günstig und sättigend, aber bei vielen Menschen noch recht unbekannt. Hier geben Zitrone, Knoblauch und Oregano der Polenta ein wunderbar frisches Aroma.

Ergibt 6 Portionen

700 ml glutenfreie Gemüsebrühe

170 g Polenta

3 Knoblauchzehen, zerdrückt

1 EL Zitronenschale, fein gerieben

200 g Ziegenkäse, zerkrümelt

2 EL Oregano, gehackt

3 EL Olivenöl

SPINATSALAT

3 EL Olivenöl

1–2 EL Balsamico-Essig

150 g junger Spinat

Eine eckige Auflaufform (20 Zentimeter) fetten.

Die Gemüsebrühe bei mittlerer Hitze aufkochen, die Polenta, den Knoblauch und die Zitronenschale zugeben und bei geringer Hitze 15 Minuten köcheln lassen, bis die Mischung fest wird. Vom Herd nehmen, 5 Minuten ruhen lassen und dann den zerkrümelten Ziegenkäse und den Oregano einrühren.

Die Polenta in die Auflaufform geben und die Oberfläche glätten. Auf Zimmertemperatur abkühlen lassen, dann mit Frischhaltefolie abdecken und 3 Stunden kalt stellen.

Die abgekühlte und feste Polenta in sechs Stücke schneiden. Jedes Stück beidseitig mit Olivenöl einpinseln und jede Seite in einer Pfanne 2–3 Minuten goldbraun braten.

Das Olivenöl mit dem Balsamico-Essig verrühren, über die Spinatblätter träufeln und vorsichtig mischen. Mit der warmen Polenta servieren.

Regenbogensalat

Gesund, frisch und lecker – dieser Salat ist eine echte Vitaminbombe.

Ergibt 4–6 Portionen

1 Dose Mais
150 g fester Tofu
2 Tomaten
1 Zucchino
100 g Mini-Dillgürkchen
400 g Champignonstücke aus der Dose
80 g Zuckererbsensprossen
1 EL glutenfreie süße Chilisauce
1 EL Limettensaft
1 TL brauner Zucker
Salz und schwarzer Pfeffer, frisch gemahlen

Die Maiskörner in ein Sieb geben und gut abtropfen lassen. Tofu und Tomaten fein hacken, Zucchino und Dillgürkchen in feine Scheiben schneiden. Alles mit den Champignonstücken und den Sprossen mischen.

Die süße Chilisauce mit dem Limettensaft und dem braunen Zucker in ein Schraubdeckelglas füllen und schütteln, bis der Zucker gelöst ist. Das Dressing über den Salat geben und sorgfältig vermischen. Abschmecken und servieren.

Vietnamesischer Garnelensalat

Die Garnelen verleihen diesem Salat seine exotische Frische.

Ergibt 4 Portionen

3 Knoblauchzehen
3 TL schwarzer Pfeffer, fein gemahlen
1½ EL Zitronensaft
1½ EL Limettensaft
3 TL brauner Zucker
400 g gekochte, geschälte Garnelen
1 Eisbergsalat
200 g Kastanien aus der Dose
3 EL Minze
½ frische, kleine rote Chili
Salz und schwarzer Pfeffer, frisch gemahlen

Den Knoblauch schälen und fein zerdrücken. Mit dem Pfeffer, dem Zitronensaft, dem Limettensaft und dem Zucker mischen und mit Salz abschmecken. Die Garnelen zugeben und gut vermengen. Zugedeckt 3 Stunden kalt stellen.

Den Eisbergsalat waschen und in feine Streifen schneiden. Die Kastanien in einem Sieb gut abtropfen lassen und fein hacken. Dann die Minzeblätter waschen und trocken schütteln. Minzeblätter und Chili ebenfalls fein hacken. Mit den Kastanien, der Minze, dem Eisbergsalat, den Garnelen und der restlichen Marinade vorsichtig vermengen. Den Salat auf vier Tellern anrichten und schwarzen Pfeffer frisch darüber mahlen. Sofort servieren.

Vietnamesischer Garnelensalat

Nudelsalat mit Krabbenbällchen

Diese Krabbenbällchen passen hervorragend zu dem spritzigen Geschmack des Nudelsalats. Die Bällchen in etwas kleinerer Ausführung eignen sich auch wunderbar als Fingerfood.

Ergibt 4 Portionen

80 g glutenfreies Paniermehl
2 EL Fischsauce
500 g Krabbenfleisch, zerpflückt
2 EL Korianderblätter, gehackt
2 EL Minze, gehackt
5 EL Limettensaft
2 Knoblauchzehen, zerdrückt
1 EL glutenfreie süße Chilisauce
3 EL Sesamöl
Salz und schwarzer Pfeffer, frisch gemahlen

Nudelsalat

100 g Glasnudeln
½ Eisbergsalat
80 g Zuckererbsensprossen
3 EL vietnamesische Minze, gehackt
1 EL Sesamöl

Das Paniermehl mit der Fischsauce mischen. Das Krabbenfleisch, den Koriander, die Minze, den Limettensaft, den Knoblauch und die süße Chilisauce zugeben und mit Salz und Pfeffer abschmecken. Die Mischung zu acht Frikadellen formen und diese leicht flach drücken. Beiseitestellen.

Das Öl stark erhitzen und die Krabbenbällchen zugeben. Die Temperatur auf eine geringe bis mittlere Hitze reduzieren und die Bällchen auf jeder Seite 3–4 Minuten goldbraun braten.

Dann die Nudeln in kochendem Wasser einweichen. Währenddessen den Salat putzen und in feine Streifen schneiden. Die Nudeln abgießen, unter kaltem Wasser abspülen und wieder abgießen. Mit dem Eisbergsalat, den Zuckererbsensprossen, der Minze und dem Sesamöl vermischen und auf vier Teller verteilen.

Thai-Basilikumsalat

Basilikum ist sicher eines der großartigsten thailändischen Kräuter! Der Salat kann auch mit Hühnchen- oder Rindfleisch anstelle des Tofus zubereitet werden.

Ergibt 4 Portionen

100 g Glasnudeln
2 rote Paprika, entkernt und in Streifen geschnitten
80 g Mungobohnensprossen
1 Gurke, halbiert und gehobelt
65 g ungesalzene Cashewkerne, geröstet
1 großes Bund Basilikum, gehackt
200 g gefrorener Tofu, grob gewürfelt
Basilikumblätter zum Garnieren

Dressing

3 EL Limettensaft
1½ EL Fischsauce
1½ EL brauner Zucker
1 TL Sesamöl

Die Nudeln in heißem Wasser ca. 4–5 Minuten einweichen. Abgießen, unter kaltem Wasser abspülen und wieder abgießen. Dann mit der Paprika, den Bohnensprossen, der Gurke, den Cashews und dem Basilikum mischen.

Den Limettensaft, die Fischsauce, den braunen Zucker und das Sesamöl in ein Schraubdeckelglas füllen und gut schütteln.

Den Tofu zum Salat geben, das Dressing darüberträufeln und vorsichtig vermengen. Mit den Basilikumblättchen garnieren.

Thai-Basilikumsalat

Tabbouleh

Es freut mich sehr, dass ich diesen Salat in mein Kochbuch aufnehmen kann. Die traditionelle Art ist alles andere als glutenfrei, da sie Bulgur (Weizengrütze) enthält. In dieser Version verwende ich Quinoa. Damit können Sie Tabbouleh wieder ganz entspannt genießen.

Ergibt 4–6 Portionen

250 g Quinoa
3 große Tomaten, gehackt
2 Bund glatte Blattpetersilie, fein gehackt
3 EL Minze, fein gehackt
1 Knoblauchzehe, zerdrückt
3 EL Olivenöl
3 EL Zitronensaft
Salz und schwarzer Pfeffer, frisch gemahlen

Quinoa mit der doppelten Menge Wasser aufkochen und 10–12 Minuten garen. Abgießen, unter kaltem Wasser abspülen und wieder abgießen.

Quinoa mit den Tomaten, der Petersilie, der Minze und dem Knoblauch mischen. Zugedeckt 2–3 Stunden kalt stellen.

Das Olivenöl mit dem Zitronensaft in ein Schraubdeckelglas füllen und kräftig schütteln. Das Dressing über den Salat geben und sorgfältig vermischen. Mit Salz und Pfeffer abschmecken.

Wildreissalat mit geräuchertem Hühnchen

Geräuchertes Hühnchen gehört zu meinen Leibspeisen – es bereichert jedes Gericht. In diesem Salat verbindet es sich aufs Köstlichste mit den goldenen Süßkartoffeln und den kräftigen getrockneten Tomaten.

Ergibt 4–6 Portionen

2 l glutenfreie Hühnerbrühe

100 g Wildreis

2 kleine Süßkartoffeln, geschält

3 EL Olivenöl

300 g geräuchertes Hühnchenfleisch, zerpflückt

½ Bund Basilikum, gehackt, plus ein paar Blättchen zum Garnieren

50 g getrocknete Tomaten, in Streifen geschnitten

Salz und schwarzer Pfeffer, frisch gemahlen

Den Ofen auf 180 °C vorheizen.

Die Hühnerbrühe aufkochen, den Wildreis zugeben und 20 Minuten köcheln lassen. Abgießen und beiseitestellen.

Die Süßkartoffel in 1 Zentimeter große Würfel schneiden und mit 1 Esslöffel Olivenöl benetzen. Auf ein Backblech legen und 20 Minuten gerade zart und goldbraun backen, dabei alle 5–10 Minuten mit einer Zange wenden. Aus dem Ofen nehmen und auf Zimmertemperatur abkühlen lassen.

Den abgekühlten Wildreis mit der Süßkartoffel, dem geräucherten Hühnchen, dem Basilikum, den Tomaten und dem restlichen Olivenöl mischen. Mit Salz und Pfeffer abschmecken. Nochmals sorgfältig mischen und zugedeckt 2–3 Stunden kalt stellen, damit die Aromen sich verbinden können. Bei Zimmertemperatur servieren.

Tipp: Falls Sie kein geräuchertes Hühnchenfleisch bekommen, können Sie einfach die gleiche Menge an Hühnerbrustfilet verwenden. Dieses zuerst kurz unter fließendem kalten Wasser abspülen und gut trocken tupfen. Anschließend von beiden Seiten mit Salz und Pfeffer würzen und dann in einer Pfanne mit etwas Öl von beiden Seiten knusprig anbraten. Abkühlen lassen, zerpflücken und wie angegeben weiter verfahren.

Naturreissalat mit Ziegenkäse

Vollkorngenuss ist hier das Thema. Der Naturreis und die Kerne bilden die Basis für diesen gehaltvollen Salat, der auch gut als eigenständige Mahlzeit ausreicht.

Ergibt 6 Portionen

5 EL Limettensaft
1 EL glutenfreie Sojasauce
1 TL Sesamöl
1 Knoblauchzehe, zerdrückt
½ TL brauner Zucker
1 kg Kürbis, geschält
2 EL Olivenöl
3 EL Sonnenblumenkerne
70 g Kürbiskerne
400 g Naturreis
80 g Bohnensprossen
½ Bund glatte Blattpetersilie, gehackt
1 EL Minze, gehackt
100 g Ziegen-Feta, zerkrümelt

Den Ofen auf 200 °C vorheizen und ein Backblech mit Backpapier auslegen. Den Limettensaft mit der Sojasauce, dem Sesamöl, dem Knoblauch und dem braunen Zucker in einem Schraubdeckelglas kräftig schütteln. Während der Zubereitung des Salates das Glas alle 10 Minuten schütteln.

Den Kürbis in etwa 2 Zentimeter große Würfel schneiden und auf das Backblech legen. Das Olivenöl darüber träufeln und gut mischen. Die Würfel flach ausbreiten und 30 Minuten zart und golden backen, dabei gelegentlich wenden. Aus dem Ofen nehmen und auf Zimmertemperatur abkühlen lassen. Die Temperatur auf 180 °C reduzieren und ein weiteres Backblech mit Backpapier auslegen.

Die Sonnenblumen- und Kürbiskerne auf das Backpapier legen und 4–5 Minuten rösten. Aus dem Ofen nehmen und auf Zimmertemperatur abkühlen lassen. Den Reis nach Packungsangabe kochen. Anschließend abkühlen lassen und dann mit den Bohnensprossen, der Petersilie, der Minze und den Kernen mischen. Die Kürbiswürfel und den Käse zugeben und mit dem Dressing beträufeln. Alles vorsichtig aber gut vermengen.

Gegrillte Auberginenröllchen

Der Feta und die Pinienkerne geben diesen Auberginenröllchen Aroma und Biss.

Ergibt 20 Stück

150 g weicher Feta
50 g Pinienkerne, zerstoßen
3 EL Basilikum, gehackt
1½ EL Milch
3 kleine Auberginen
100 ml Olivenöl
70 g junge Spinatblätter
Salz und schwarzer Pfeffer, frisch gemahlen

Den Feta mit den Pinienkernen, dem Basilikum und der Milch sorgfältig zu einer homogenen Masse verrühren. Mit Salz und Pfeffer abschmecken.

Die Auberginen längs in 3 Millimeter dicke Scheiben schneiden. Die äußeren Scheiben nicht verwenden. Die Auberginenscheiben mit Öl einpinseln. Den Grill vorheizen und die Auberginenscheiben von jeder Seite 1 Minute grillen. Vom Grill nehmen, mit Alufolie abdecken und auf Zimmertemperatur abkühlen lassen.

Währenddessen den Spinat waschen und gut abtropfen lassen. Die Feta-Mischung dann auf die Auberginenscheiben streichen und mit ein paar Spinatblättern belegen.Die Auberginenscheibe aufrollen und mit einem Zahnstocher feststecken. Lauwarm servieren.

◇ *Normale Milch kann durch laktosefreie Milch ersetzt werden.*

Spinat-Gurken-Dip

Dies ist ein leichter Dip mit frischem Aroma. Wenn Sie den Fettgehalt noch mehr senken möchten, lassen Sie das Olivenöl weg und verwenden fettarmen Joghurt – es wird trotzdem köstlich schmecken.

Ergibt 2 Schälchen

300 g gefrorener, gehackter Spinat
1 kleine Gurke
1 EL Olivenöl
1 EL Zitronensaft
3 EL Minze, gehackt
200 g glutenfreier, griechischer Naturjoghurt
Salz und schwarzer Pfeffer, frisch gemahlen

Den Spinat auftauen und dabei gut abtropfen lassen. Die Gurke fein hacken und mit dem Spinat und den restlichen Zutaten gründlich vermengen. Vor dem Servieren zugedeckt 2–3 Stunden kalt stellen.

◇ *Wenn Sie keine Laktose vertragen, sollten Sie diesen Dip nur in kleinen Mengen genießen oder laktosefreien Joghurt nehmen.*

Marokkanischer Karottendip

Dieser Dip ist nur leicht gewürzt und etwas cremig. Er ist nicht nur als Dip geeignet, sondern auch als Füllung für einen glutenfreien Crêpe – in dem Fall sollten Sie die Menge allerdings verdoppeln.

Ergibt 1 Schälchen

500 g Karotten

2 EL Olivenöl

3 EL Ricotta

1 EL gemahlener Kreuzkümmel

1 EL gemahlene Kurkuma

Salz und schwarzer Pfeffer, frisch gemahlen

Die Karotten schälen und in etwa 2 Zentimeter dicke Stücke schneiden. In reichlich Wasser ca. 10 Minuten weich garen. Abgießen und kurz zum Abkühlen beiseitestellen.

Das Olivenöl zu den Karotten geben und pürieren. Den Ricotta, den Kreuzkümmel und die Kurkuma zugeben und mit Salz und Pfeffer abschmecken. Vor dem Servieren zugedeckt 2–3 Stunden kalt stellen.

Cashews und Koriander

Diesem Dip kann ich kaum widerstehen. Sein grandioses Aroma und der knackige Biss der Cashews verlangen immer nach mehr.

Ergibt 1 Schälchen

500 g kleine Süßkartoffeln

130 g Cashewkerne, geröstet

2 EL Zitronensaft

2 EL Olivenöl

½ Bund Koriander, gehackt

Salz und schwarzer Pfeffer, frisch gemahlen

Die Süßkartoffeln schälen, in etwa 2 Zentimeter große Würfel schneiden und in reichlich Wasser ca. 10 Minuten weich garen. Abgießen und kurz zum Abkühlen beiseitestellen.

Die Cashewkerne und den Zitronensaft zu den Süßkartoffeln geben und mit einem Pürierstab grob zerkleinern. Es soll kein glattes Püree entstehen.

Das Olivenöl und den Koriander zugeben und großzügig mit Salz und Pfeffer abschmecken. Vor dem Servieren zugedeckt 2–3 Stunden kalt stellen.

Marokkanischer Karottendip

Hauptgerichte

Beilagen

- **Asia-Gemüse mit Ingwer und Sesam:** 500 Gramm grünes Gemüse (z. B. Pak Choi, Choy Sum oder Gai Laan) in mundgerechte Stücke schneiden. Das Gemüse in kochendem Wasser 1–2 Minuten blanchieren. Einen Wok bei mittlerer bis starker Hitze vorwärmen, 3 Esslöffel Sesamöl hineingeben und den Wok schwenken, damit sich das Öl gut verteilt. Eine zerstoßene Knoblauchzehe, 1 Esslöffel geriebenen Ingwer, 1 Esslöffel Sesamsamen und das blanchierte Gemüse zugeben. Unter Rühren gleichmäßig vermischen und erhitzen. *Ergibt 4–6 Portionen.*

- **Mediterraner Kartoffelsalat:** Sechzehn kleine Kartoffeln in einen Topf mit kaltem Wasser geben. Zugedeckt bei starker Hitze aufkochen und 8–10 Minuten garen. Abgießen und beiseitestellen. 90 Gramm Champignons in Scheiben in 2 Teelöffeln Olivenöl 3–5 Minuten weich dünsten. Mit Salz und frisch gemahlenem schwarzen Pfeffer abschmecken. Vom Herd nehmen und auf Zimmertemperatur abkühlen lassen. 3 Esslöffel glutenfreie Vollei-Mayonnaise, ½ Glas fertiges Basilikum-Pesto und 3 Esslöffel gehackte Petersilie gut vermischen. Die abgekühlten Kartoffeln halbieren. Die Champignons, 1 Glas gehackte schwarze Oliven ohne Steine und das Mayonnaise-Dressing zugeben und vorsichtig mischen. *Ergibt 6–8 Portionen.*

- **Naturreissalat:** Zwei zerstoßene Knoblauchzehen, 3 Esslöffel ungesalzene Erdnüsse und 70 Gramm junge Spinatblätter in 1 Esslöffel Erdnussöl dünsten, bis der Spinat zusammengefallen und die Erdnüsse leicht gebräunt sind. 250 Gramm gekochten Naturreis zugeben und gut mischen. Vom Herd nehmen und auf Zimmertemperatur abkühlen lassen. 1 Esslöffel Erdnussöl und 3 Esslöffel glutenfreie Vollei-Mayonnaise gut vermischen. Die Reismischung mit 70 Gramm in Streifen geschnittenen getrockneten Tomaten, zwei fein geschnittenen Selleriestangen, 50 Gramm Sultaninen und ½ Bund gehackter Petersilie mischen. Das Dressing zugeben und alles gut mischen. *Ergibt 6–8 Portionen.*

- **Ratatouille:** Drei große Zucchini längs halbieren und fein hobeln. Eine große rote Paprika und zwei mittelgroße Auberginen in lange Streifen schneiden. Zwei zerstoßene Knoblauchzehen und ½ Teelöffel Chilipulver in 1 Esslöffel Olivenöl 1–2 Minuten dünsten. Die Zucchini, die Paprika und die Aubergine zugeben und unter gelegentlichem Rühren weich dünsten. 1 Dose (410 Gramm) Tomaten zugeben und bei mittlerer Hitze unter gelegentlichem Rühren 15 Minuten dünsten und dabei leicht eindicken. Vom Herd nehmen, 2 Esslöffel gehackte Petersilie zugeben und mit Salz und frisch gemahlenem schwarzen Pfeffer abschmecken. *Ergibt 4 Portionen.*

- **Polenta-Ecken mit Knoblauch und Kräutern:** Den Ofen auf 180 °C vorheizen und eine Auflaufform (15 x 15 Zentimeter) mit Backpapier auslegen. 750 Milliliter glutenfreie Brühe aufkochen, 170 Gramm Instant-Polenta einrühren und bei mittlerer Hitze unter Rühren 3–5 Minuten kochen. Die Polenta muss fest sein. Zwei zerdrückte Knoblauchzehen, 1 Bund frische, gehackte Kräuter, 3 Esslöffel geriebenen Parmesan und 30 Gramm Butter einrühren, dann alles in die Auflaufform füllen. Die Oberfläche glätten und noch einmal 3 Esslöffel geriebenen Parmesan aufstreuen. 10–15 Minuten backen, bis der Käse geschmolzen und goldbraun ist. In Dreiecke schneiden und servieren. *Ergibt 8 Portionen.*

- **Cremige Polenta:** 750 Milliliter fettarme Milch (oder laktosefreie Milch, falls nötig) mit zwei zerdrückten Knoblauchzehen erhitzen. Kurz vor dem Siedepunkt 115 Gramm Instant-Polenta zugeben und unter Rühren sprudelnd aufkochen. Die Hitze reduzieren und bei schwacher Hitze unter ständigem Rühren 8–10 Minuten garen. Die Polenta soll die Konsistenz von leichtem Kartoffelpüree haben. Mit Salz und schwarzem Pfeffer abschmecken und servieren. *Ergibt 4 Portionen.*

- **Nudelauflauf Italia:** Den Ofen auf 200 °C vorheizen und eine Auflaufform (25 x 25 Zentimeter) fetten. 500 Gramm glutenfreie Spiralnudeln in reichlich Wasser bissfest garen. Unter kaltem Wasser abspülen und abtropfen lassen. Die Nudeln mit 2 Esslöffeln Olivenöl, 150 Gramm geriebenem Parmesan, 250 Gramm halbierten Baby-Bocconcini (Baby-Mozzarellakugeln aus Büffelmilch), ½ Bund grob gehacktem Basilikum und (bis auf 3 Esslöffel) 500 Millilitern Tomatenpüree mischen und mit Salz und Pfeffer abschmecken. Die Mischung in die Auflaufform geben, die Oberfläche glätten und das restliche Tomatenpüree darübergeben. Mit 3 Esslöffeln geriebenem Parmesan bestreuen und 15 Minuten backen. Vor dem Servieren 10 Minuten ruhen lassen. *Ergibt 6 Portionen.*

- **Gebratener Reis:** 400 Gramm Langkornreis bissfest garen. Abgießen und beiseitestellen. Drei zerdrückte Knoblauchzehen und 1 wEsslöffel geriebenen Ingwer in 1 Esslöffel Sesamöl kurz anbraten. Eine in Streifen geschnittene Karotte, 100 Gramm tiefgekühlte Erbsen, 60 Gramm Mais, 40 Gramm Bambus- und 80 Gramm Bohnensprossen zugeben. Vier leicht verquirlte Eier zugeben und rühren, sodass sie sich verteilen. Weiter garen, bis das Gemüse zart ist. Den Reis, 3 Esslöffel glutenfreie Sojasauce und 2 Esslöffel Sesamöl unterrühren. Mit Salz und Pfeffer abschmecken und servieren. *Ergibt 4–6 Portionen.*

Hühnchen-Pilz-Eintopf

Mit cremigem Kartoffelpüree ist dieser Eintopf ein herzhaftes Familiengericht. Zur Abwechslung nehmen Sie Rind- oder Schweinefleisch statt des Hühnchens.

Ergibt 6 Portionen

40 g glutenfreies Maismehl (Maisstärke)
2 TL geräuchertes Paprikapulver (Pimentón de la Vera)
600 g Hühnchenfilet, gewürfelt
2 Knoblauchzehen, zerdrückt
1 Selleriestange, in Scheiben geschnitten
3 Karotten, gewürfelt
250 g junge Champignons, geviertelt
2 TL Olivenöl
400 g stückige Tomaten aus der Dose
120 ml Tomatenpüree (Passata)
3 Kartoffeln, gewürfelt
140 g junge Spinatblätter
360 ml glutenfreie Hühnerbrühe
Salz und schwarzer Pfeffer, frisch gemahlen

Den Ofen auf 180 °C vorheizen.

Das Maismehl mit dem Paprikapulver, dem Salz und dem Pfeffer mischen und in einen kleinen Gefrierbeutel füllen. Das Hühnchenfleisch zugeben und schütteln, bis das Fleisch rundum paniert ist.

Den Knoblauch, den Sellerie, die Karotte und die Champignons im Olivenöl bei mittlerer Hitze garen, bis der Sellerie leicht gebräunt ist. Die Tomatenwürfel, das Tomatenpüree, die Kartoffeln, den Spinat und die Hühnerbrühe zugeben und 1–2 Minuten garen.

Vom Herd nehmen und die gewürzten Fleischwürfel zugeben. Den Eintopf in eine ofenfeste Auflaufform mit Deckel geben und zugedeckt 50 Minuten garen. Weitergaren, falls das Fleisch noch nicht ganz durch ist. Mit Salz und Pfeffer abschmecken.

Erbsensuppe mit Speck

Dies ist ein echtes Wintergericht. Es eignet sich allerdings nicht für Menschen mit Raffinose-Intoleranz. Diese komplexen Kohlenhydrate kommen unter anderem in Erbsen vor.

Ergibt 4–6 Portionen

15 Scheiben magerer Speck, gewürfelt
3 Knoblauchzehen, zerdrückt
1 große Karotte
2 Kartoffeln
200 g getrocknete Erbsen
1,5 l glutenfreie Gemüsebrühe
Salz und schwarzer Pfeffer, frisch gemahlen

Den Speck und den Knoblauch in einem beschichteten Topf 5 Minuten anbraten.

Die Karotte und die Kartoffeln schälen und in 5 Millimeter große Würfel schneiden. Mit den Erbsen und der Gemüsebrühe in den Topf geben und aufkochen. Bei geringer Hitze zugedeckt 1 Stunde leicht köcheln lassen, bis die Erbsen sehr weich sind. Gelegentlich umrühren.

Den Deckel abnehmen und die Temperatur erhöhen. Bei mittlerer Hitze 15 Minuten etwas einkochen. Abschmecken und heiß servieren.

Hühnchen-Mais-Suppe

Ohne dieses alte Lieblingsrezept wäre kein Kochbuch vollständig.

Ergibt 4 Portionen

1 l glutenfreie Hühnerbrühe
500 g Hühnchenbrust, ohne Haut
2 Dosen glutenfreier Sahnemais à 420 g
4 Eier, leicht verquirlt
Salz und schwarzer Pfeffer, frisch gemahlen

Die Hühnerbrust in sehr feine Streifen schneiden. Dann die Hühnerbrühe aufkochen, das Hühnchenfleisch zugeben und 5 Minuten bei geringer Hitze köcheln lassen. Den Mais zugeben und weitere 5 Minuten köcheln lassen.

Die Suppe kräftig umrühren und das verquirlte Ei langsam zugeben. Unter ständigem Rühren gleichmäßig in der Suppe verteilen. Vor dem Servieren mit Salz und Pfeffer abschmecken.

Erbsensuppe mit Speck

Marokkanischer Lammeintopf

Eine ebenso köstliche wie kräftige Suppe, die den Magen wärmt. Die marokkanischen Aromen passen hervorragend zum Lammfleisch.

Ergibt 4–6 Portionen

2 EL Olivenöl
2 Knoblauchzehen, zerdrückt
1 TL gemahlener Koriander
1½ TL gemahlener Kreuzkümmel
½ TL Kurkuma
¼ TL Cayennepfeffer
3 Lammunterkeulen
1 kg Karotten, gehackt
200 g weißer Reis
400 g stückige Tomaten aus der Dose
2,8 l glutenfreie Gemüsebrühe
Salz und schwarzer Pfeffer, frisch gemahlen

In einem großen Topf Olivenöl erhitzen und den Knoblauch und die Gewürze 1–2 Minuten bei starker Hitze unter Rühren anbraten, um die Aromen zu entfalten. Die Lammkeulen zugeben, von allen Seiten 5–7 Minuten anbraten und leicht bräunen.

Die Karotten, den Reis, die Tomaten und die Gemüsebrühe zugeben und aufkochen. Bei geringer Hitze unter gelegentlichem Rühren 1–1½ Stunden köcheln lassen. Das Fleisch soll sich vom Knochen lösen. Die Lammkeulen herausnehmen und das Fleisch in mundgerechte Stücke zerteilen. Das Fleisch zurück in den Topf geben, umrühren, abschmecken und servieren.

Speck-Quiche auf Reisboden

Anstelle des Mürbeteigs aus Weizenmehl nehme ich für diese Quiche einen Reisboden, der zusätzliches Aroma verleiht.

Ergibt 6–8 Portionen

200 g Langkornreis

2 EL Parmesan, gerieben

1 Ei, verquirlt

Füllung

200 g magerer Speck, gewürfelt

4 Eier, leicht verquirlt

75 g Sauerrahm

2 EL glutenfreier Dijon-Senf

150 g Cheddar, gerieben

Salz und schwarzer Pfeffer, frisch gemahlen

Den Ofen auf 170 °C vorheizen und eine Quicheform (23 Zentimeter Durchmesser) fetten.

Den Langkornreis mit der doppelten Menge Wasser aufkochen. Den fertig gegarten, noch warmen Reis mit dem Parmesan und dem Ei mischen. Die Reismischung in die Quicheform geben und fest andrücken. Für 15 Minuten im Ofen backen, dabei den Reis aber nur ganz leicht bräunen.

Den Speck kross braten und auf Küchenpapier abkühlen lassen.

Die vier Eier, den Sauerrahm, den Senf und den Cheddar mischen, den Speck zugeben und mit Salz und Pfeffer abschmecken. Die Füllung auf den Reisboden geben und 15–20 Minuten backen, bis das Ei ganz gestockt ist.

Kräuterfisch

Kräuterfisch

Frische Kräuter. Frischer Fisch. Einfacher und besser geht's nicht. Dorade und Kabeljau sind ideal. Dazu passen gedünsteter Reis, Limettenviertel und Korianderblätter.

Ergibt 4 Portionen

1 Bund gemischte Kräuter, gehackt (z. B. Rosmarin, Petersilie, Oregano, Thymian)

½ TL Salz

¼ TL schwarzer Pfeffer, grob gemahlen

4 Weißfischfilets zu je 150 g

3–4 EL Olivenöl

2 Knoblauchzehen, zerdrückt

Die Kräuter mit dem Salz und dem Pfeffer mischen. Die Fischfilets mit 1–2 Esslöffeln Olivenöl einpinseln und in den Kräutern wenden. Beide Seiten müssen gut bedeckt sein.

Den Knoblauch bei mittlerer Hitze in Olivenöl 1–2 Minuten bräunen. Die Fischfilets zugeben und 2 Minuten von jeder Seite braten. Notfalls länger garen.

Nudeln mit geräuchertem Hühnchen und Speck

Jeder, der mich kennt, weiß, dass geräuchertes Hühnchen zu meinen Leibspeisen gehört. Hier ist es Teil meines Lieblingsnudelgerichts.

Ergibt 4 Portionen

500 g glutenfreie Nudeln

5 EL Olivenöl

2 Knoblauchzehen, zerdrückt

200 g geräucherte Hühnchenbrust, in Streifen geschnitten

200 g Speck, in schmale Streifen geschnitten

3 EL Thymian, gehackt

120 g Parmesan, gerieben

Salz und schwarzer Pfeffer, frisch gemahlen

Die Nudeln in reichlich Wasser nach Herstellerangaben kochen. Die bissfesten Nudeln abgießen und wieder in den Topf füllen. 2 Esslöffel Olivenöl unterrühren und die Nudeln zugedeckt warm halten.

Den Knoblauch, das geräucherte Hühnchenfleisch und den Speck in 1 Esslöffel Olivenöl bräunen. Zu den Nudeln geben, den Thymian, den Parmesan und 2 Esslöffel Olivenöl zugeben und rühren, bis der Parmesan geschmolzen ist. Mit Salz und Pfeffer abschmecken. Nach Belieben noch etwas Olivenöl zugeben.

Eine gute Alternative zu geräuchertem Hühnchen ist knusprig gebratenes Hühnerbrustfilet.

Kalbssteak mit Oliven und Feta

Ohne falsche Bescheidenheit kann man sagen, dass diese Kalbssteaks sensationell schmecken. Ein Salat und frisch gebackenes, glutenfreies Brot reichen als Beilage. Das Aroma spricht für sich selbst.

Ergibt 4 Portionen

150 g schwarze Oliven, gehackt
200 g Feta, zerkrümelt
1 EL Zitronenschale, fein gerieben
2 EL Minze, gehackt
2 EL glatte Blattpetersilie, gehackt
3 EL Olivenöl
4 magere Kalbssteaks zu je 150 g
Salz und schwarzer Pfeffer, frisch gemahlen

Die Oliven mit dem Feta, der Zitronenschale, der Minze, der Petersilie und 2 Esslöffeln Olivenöl mischen. Die Kalbssteaks nacheinander zugeben und von allen Seiten mit der Mischung einreiben. Mit Salz und Pfeffer würzen. Die marinierten Steaks zugedeckt mindestens 3 Stunden oder über Nacht kalt stellen.

Das restliche Olivenöl in einer Pfanne erhitzen und die Steaks bei mittlerer Hitze jeweils 3–5 Minuten pro Seite braten. Als Beilage passt ein grüner Salat mit Olivenöl-Zitronensaft-Dressing.

Ricotta-Spinat-Lasagne

Statt der glutenfreien Lasagneplatten können auch Reispapierblätter verwendet werden.

Ergibt 8 Portionen

500 g Spinat, gekocht und gehackt
500 g fettarmer Ricotta
1 Ei, leicht verquirlt
2 Knoblauchzehen, zerdrückt
1 l fettarme Milch
3 EL glutenfreies Maismehl (Maisstärke)
350 g fettarmer Cheddar, gerieben
500 g glutenfreie Lasagneplatten
250 g passierte Tomaten
Salz und schwarzer Pfeffer, frisch gemahlen

Den Ofen auf 180 °C vorheizen. Den Spinat mit Ricotta, Ei und Knoblauch mischen und mit Salz und Pfeffer abschmecken. 3 Esslöffel Milch mit dem Maismehl anrühren. Die restliche Milch zugeben, glatt rühren und unter ständigem Rühren erhitzen, bis sie dick wird. Sie sollte jedoch nicht kochen. Dann den geriebenen Cheddar zugeben und unter ständigem Rühren schmelzen.

Die Lasagneplatten nach Herstellerangaben vorbereiten und eine Lage auf den Boden einer Auflaufform legen. Nun zuerst die Hälfte der Spinat-Ricotta-Mischung gleichmäßig auf den Lasagneplatten verstreichen, dann ein Drittel der Käsesauce und die Hälfte der passierten Tomaten daraufgeben. Eine weitere Lage Lasagneplatten auflegen und wie zuvor verfahren. Dabei aber etwas Käsesauce zurückbehalten und über eine letzte Lage Lasagneplatten verteilen. Im Ofen 30 Minuten goldgelb backen.

◇ *Normale Milch kann durch laktosefreie Milch ersetzt werden.*

Kalbssteak mit Oliven und Feta

Gebratener Lammrücken

Gebratener Lammrücken

Ein köstlicher, saftiger Braten – wer liebt den nicht? Die aromatischen Kräuter verfeinern dieses Lammkarree, zu dem geröstetes Gemüse passt.

Ergibt 4 Portionen

1 EL getrockneter Oregano
2 EL getrocknete Petersilie
2 TL getrockneter Rosmarin
2 Knoblauchzehen, zerdrückt
2 EL Olivenöl
2 Lammrücken mit je 8 Koteletts, vom Fettrand befreit
Salz und schwarzer Pfeffer, frisch gemahlen

Den Ofen auf 180 °C vorheizen.

Die getrockneten Kräuter mit dem Knoblauch, dem Olivenöl, dem Salz und dem Pfeffer mischen und die Lammrücken damit einreiben.

In einer offenen Auflaufform im vorgeheizten Backofen 30 Minuten medium braten.

Paprikahühnchen

Kochmuffel werden dieses Gericht lieben. Es ist aus simplen Zutaten leicht zubereitet und schmeckt einfach köstlich. Gedämpfter Reis und ein grüner Salat passen gut dazu.

Ergibt 4 Portionen

5 EL Zitronensaft
5 EL Olivenöl
1½ EL edelsüßes Paprikapulver
2 TL Cayennepfeffer
2 EL getrockneter Oregano
1½ EL brauner Zucker
4 Knoblauchzehen, zerdrückt
1 kleine, frische rote Chili, entkernt und fein gehackt
4 Hühnchenschlegel, ohne Haut
Salz und schwarzer Pfeffer, frisch gemahlen

Den Zitronensaft mit dem Olivenöl, dem Paprikapulver, dem Cayennepfeffer, dem Oregano, dem Zucker, dem Knoblauch, der Chili, dem Salz und dem Pfeffer mischen.

Die Hühnchenschlegel in eine Auflaufform legen, die Paprikamischung darübergießen und das Fleisch darin wenden. Mit Frischhaltefolie abgedeckt im Kühlschrank mindestens 3 Stunden marinieren. Das Fleisch jede Stunde wenden, damit es gleichmäßig mariniert.

Den Ofen auf 200 °C vorheizen. Die Hühnchenstücke 40 Minuten braten. Sie sind fertig, wenn der austretende Saft nach dem Anstechen klar ist. Vor dem Servieren 5 Minuten ruhen lassen.

Spanische Hackbällchen

Das hier verwendete Lammhackfleisch können Sie durch Rinder- oder Hühnchenfleisch ersetzen. Die spanischen Gewürze jedenfalls passen zu fast jeder Fleischart.

Ergibt 8 Portionen

750 g Lammhackfleisch

55 g glutenfreies Paniermehl

2 Eier, verquirlt

2 Knoblauchzehen, zerdrückt

3 EL glatte Blattpetersilie, gehackt

1–2 EL Olivenöl

frische Kräuter und geriebener Parmesan zum Garnieren

Salz und schwarzer Pfeffer, frisch gemahlen

Tomatensauce

1 EL Olivenöl

2 Knoblauchzehen, zerdrückt

1 TL edelsüßes Paprikapulver

¼ TL Cayennepfeffer

2 x 440 g stückige Tomaten aus der Dose

150 g gegrillte Paprika, fein gehackt

2 EL Rotwein

2 TL Zucker

Salz und schwarzer Pfeffer, frisch gemahlen

Das Lammfleisch mit dem Paniermehl, den Eiern, dem Knoblauch, der Petersilie, dem Salz und dem Pfeffer mischen. Mit feuchten Händen vierundzwanzig golfballgroße Frikadellen daraus formen. Zugedeckt 1 Stunde kalt stellen.

Die Hälfte der Hackbällchen in 1 Esslöffel Olivenöl 6–8 Minuten braten, dabei häufig wenden, damit sie von allen Seiten gleichmäßig garen und bräunen. Die fertigen Hackbällchen warm halten, während die zweite Hälfte gart. Falls nötig, etwas Öl zugeben.

Für die Sauce das Olivenöl in einer Pfanne erhitzen und den Knoblauch, das Paprikapulver und den Cayennepfeffer bei mittlerer Hitze 1–2 Minuten darin anbraten. Die Tomaten, die gegrillte Paprika, den Wein und den Zucker zugeben. Gut rühren und bei geringer Hitze 10 Minuten köcheln lassen. Die Hackbällchen zugeben und weitere 10 Minuten köcheln lassen, bis die Sauce etwas eindickt. Mit Salz und Pfeffer gut abschmecken und mit cremiger Polenta (siehe Seite 78) servieren. Mit frischen Kräutern und Parmesan garnieren, falls gewünscht.

Hochrippensteak in Rotweinmarinade

Hochrippensteak in Rotweinmarinade

Die Rotweinmarinade gibt dem Rindfleisch ein wunderbar kräftiges Aroma. Wählen Sie als Beilage gedämpftes Gemüse und Kartoffelpüree.

Ergibt 6 Portionen

6 Hochrippensteaks zu je 150 g
250 ml Rotwein
2 EL Olivenöl
1 EL Instantpulver für glutenfreie Rinderbrühe
2 Knoblauchzehen, zerdrückt
Salz und schwarzer Pfeffer, frisch gemahlen

Die Steaks auf ein Backblech legen. Den Rotwein mit dem Olivenöl, dem Instantpulver für Rinderbrühe, dem Knoblauch und 120 Millilitern Wasser mischen und mit Salz und Pfeffer kräftig abschmecken. Die Marinade über die Steaks gießen. Die Steaks wenden und das Backblech schwenken, damit jedes Steak gut bedeckt ist. Zugedeckt 2 Stunden oder über Nacht kalt stellen.

Eine Grillpfanne erhitzen und die Marinade von den Steaks abgießen. Von beiden Seiten 1–2 Minuten anbraten oder länger, wenn Sie es nicht so blutig mögen.

Nudeln mit Fleischbällchen

Diese Fleischbällchen sind der Familien-Hit. Hier habe ich etwas Parmesan zugegeben, der sie noch herzhafter macht.

Ergibt 4 Portionen

100 g Langkornreis
750 g mageres Rinderhackfleisch
170 g Parmesan, gerieben
1 Ei, verquirlt
2 Knoblauchzehen, zerdrückt
3 EL Petersilie, gehackt
½ TL Cayennepfeffer
500 ml fertige, glutenfreie Tomatensuppe
500 g glutenfreie Nudeln (Penne)
Parmesan, gerieben, zum Servieren
Salz und schwarzer Pfeffer, frisch gemahlen

Den Ofen auf 180 °C vorheizen.

Den Reis mit der doppelten Menge Wasser gar kochen. Dann das Hackfleisch mit dem Reis, dem Parmesan, dem Ei, dem Knoblauch, der Petersilie und dem Cayennepfeffer mischen und mit Salz und Pfeffer abschmecken. Sechzehn Fleischbällchen formen.

Die Bällchen in eine große Auflaufform setzen und mit der Tomatensuppe bedecken. 40–50 Minuten im Backofen garen.

Die Nudeln in reichlich Wasser ca. 10–12 Minuten bissfest garen. Die Bällchen auf den Nudeln servieren und mit Parmesan bestreuen.

Gepfeffertes Kalbssteak

Das Marinieren des Fleisches ist das Geheimnis dieses Rezepts. Es macht das Fleisch zart und schenkt ihm die wunderbaren Aromen, die diese Steaks so außergewöhnlich machen.

Ergibt 4 Portionen

3 Knoblauchzehen, zerdrückt
2 EL Zitronensaft
1 EL Olivenöl
2 EL gemahlener Koriander
4 magere Kalbssteaks zu je 200 g
1 EL Olivenöl
Salz und 1 EL schwarzer Pfeffer, grob gemahlen

Den Knoblauch mit dem Zitronensaft, 1 Esslöffel Olivenöl, dem Koriander, dem Pfeffer und etwas Salz mischen. Die Kalbssteaks in einen Gefrierbeutel füllen, die Marinade zugeben und gut mischen. Im Kühlschrank 3 Stunden marinieren.

Das restliche Olivenöl in einer großen Pfanne bei mittlerer Hitze erhitzen. Die Steaks in das heiße Öl geben und 4–5 Minuten je Seite braten.

Spare Ribs

Spare Ribs werden selten zu Hause zubereitet. Das wird sich mit diesem Rezept ändern. Genießen Sie glutenfreie Spare Ribs wann immer Sie wollen. Pommes frites und Salat sind perfekt dazu.

Ergibt 4 Portionen

2–3 TL glutenfreies Maismehl (Maisstärke)
3 EL Sherry
5 EL glutenfreie Sojasauce
2 EL glutenfreie Austernsauce
3 Anissterne
1 EL brauner Zucker
2 EL Sesamöl
3 Knoblauchzehen, zerdrückt
2–3 TL Ingwer, fein gehackt
2 kg Spare Ribs (Schweinerippchen)

Das Maismehl mit etwas Wasser zu einer Paste verrühren. Den Sherry, die Sojasauce, die Austernsauce, die Anissterne, den Zucker und 120 Milliliter Wasser zugeben.

Das Sesamöl in einer Pfanne erhitzen und den Knoblauch und den Ingwer bei starker Hitze 1–2 Minuten anbraten. Die Sherrymischung zugießen und unter ständigem Rühren fast aufkochen. Etwas eindicken lassen. Vom Herd nehmen und auf Zimmertemperatur abkühlen lassen. Die Anissterne entfernen.

Die abgekühlte Sauce gleichmäßig über die Spare Ribs pinseln. Zugedeckt 3 Stunden kalt stellen.

Den Ofen auf 180 °C vorheizen. Die Rippchen auf einem Gitter über der Fettpfanne oder einer Auflaufform 50–60 Minuten kross braten.

Spare Ribs

Hühnchenfilet mit Estragon-Senf-Sauce

Estragon und Senf passen hervorragend zusammen und sind würdige Begleiter für zartes Hühnchenfilet.

Ergibt 4 Portionen

1 Knoblauchzehe, zerdrückt

2 EL Olivenöl

4 Hühnchenbrustfilets zu je 150 g

Cremige Polenta

750 ml fettarme Milch

2 Knoblauchzehen, zerdrückt

120 g Instant-Polenta

Salz und schwarzer Pfeffer, frisch gemahlen

Estragon-Senf-Sauce

2 EL Olivenöl

1 Knoblauchzehe, zerdrückt

3 EL fettreduzierte Sahne

3 EL Estragon, gehackt

3 EL Dijon-Senf

1 EL Zitronensaft

Die Milch für die Polenta mit dem Knoblauch erhitzen. Kurz vor dem Siedepunkt die Polenta zugeben und unter Rühren sprudelnd aufkochen. Die Hitze reduzieren und bei schwacher Hitze unter ständigem Rühren 8–10 Minuten garen, bis ein leichtes Püree entsteht. Mit Salz und Pfeffer abschmecken. Zugedeckt warm halten.

Den Knoblauch in etwas Olivenöl bei mittlerer Hitze 1–2 Minuten leicht bräunen. Das restliche Öl zugeben und die Hühnchenfilets 3–5 Minuten je Seite knusprig braten. Zugedeckt warm halten.

Das Öl für die Sauce bei mittlerer Hitze erwärmen und den Knoblauch darin bräunen. Die Sahne, den Estragon, den Senf und den Zitronensaft zugeben und 3–5 Minuten köcheln und leicht eindicken lassen. Abschmecken. Die Sauce über die Hühnchenfilets geben und mit der Polenta servieren.

◇ *Normale Milch kann durch laktosefreie Milch ersetzt werden.*

Rinderfiletsteak mit Champignons und Erbsenpüree

Allein die leuchtenden Farben dieses Gerichts sind die Sache wert. Ein Glas glutenfreies Bier macht den Genuss perfekt.

Ergibt 6 Portionen

1 EL Olivenöl

1 EL Zitronensaft

2 Knoblauchzehen, zerdrückt

6 Rinderfiletsteaks zu je 200 g

Salz und schwarzer Pfeffer, frisch gemahlen

Erbsenpüree

500 g junge Erbsen

20 g Butter

Champignonsauce

500 g junge Champignons, in Scheiben geschnitten

30 g Butter

120 ml glutenfreie Rinderbrühe

3 EL Petersilie, gehackt

125 ml fettarme Sahne

Das Olivenöl mit dem Zitronensaft, dem Knoblauch und etwas Salz und Pfeffer mischen und die Steaks damit einpinseln. Mit Frischhaltefolie abgedeckt im Kühlschrank mindestens 3 Stunden marinieren.

Eine Grillpfanne vorheizen und die Steaks von beiden Seiten knusprig braten. Zugedeckt warm halten.

Die Erbsen 5 Minuten zart kochen. Abgießen, die Butter zugeben, mit Salz und Pfeffer abschmecken und pürieren. Zugedeckt warm halten.

Die Champignons in der Butter 5 Minuten weich dünsten. Die Rinderbrühe, die Petersilie und die Sahne zugeben, mit Salz und Pfeffer abschmecken und einige Minuten köcheln und eindicken lassen.

Das Erbsenpüree auf vorgewärmte Teller geben, das Steak auflegen und etwas Champignonsauce darübergeben.

◇ *Wenn Sie an Laktoseintoleranz leiden, nehmen Sie nur wenig Sauce oder verwenden Sie laktosefreie Sahne.*

Fisch im Bierteig

Eine gute Nachricht: Endlich gibt es glutenfreies Bier! So können Sie nun auch im Bierteig frittieren – viel Spaß dabei!

Ergibt 4 Portionen

400 g tiefgekühlte, glutenfreie Pommes frites
75 g feines Reismehl
225 g glutenfreies Maismehl (Maisstärke)
300 ml gut gekühltes, glutenfreies Bier
Sonnenblumenöl zum Frittieren
12 feste Weißfischfilets (z. B. Seeteufel, Kabeljau) zu je 50 g
glutenfreies Maismehl (Maisstärke) zum Panieren
2 Zitronen, geviertelt, zum Servieren
glutenfreie Remouladensauce zum Servieren
Salz und schwarzer Pfeffer, frisch gemahlen

Die Pommes frites nach Herstellerangaben aufbacken.

Die Mehle, 1 Teelöffel Salz und etwas Pfeffer dreimal in eine Schüssel sieben oder mit einem Schneebesen sehr sorgfältig vermischen. Eine Mulde in die Mitte drücken. Langsam das Bier zugeben und zu einem glatten Teig verrühren.

Eine Fritteuse oder einen hohen Topf zur Hälfte mit Sonnenblumenöl füllen und auf 190 °C erhitzen – die Temperatur ist erreicht, wenn ein Brotwürfel in 15 Sekunden bräunt. Die Fischfilets mit dem zusätzlichen Maismehl bestäuben, einzeln in den Teig tunken und den überschüssigen Teig abfließen lassen. Die Filets am dünnen Ende halten und langsam ins Öl gleiten lassen. Wenn das dicke Ende hochsteigt, loslassen. Auf diese Art kann der Fisch nicht am Topfboden ansetzen. Die Fischfilets 3–4 Minuten goldbraun und knusprig frittieren. Auf Küchenpapier abtropfen lassen.

Die Filets salzen und mit den Pommes frites, den Zitronenvierteln und der Remouladensauce servieren.

Lachs in Weißweinsauce

Lachs in Weißweinsauce

Ich serviere Lachs immer mit dieser Weißweinsauce, weil sie so hervorragend sein feines Aroma unterstreicht.

Ergibt 4 Portionen

25 g Butter

4 Lachsfilets mit Haut zu je 230 g

¼ l trockener Weißwein

60 g kalte Butter, in Stückchen

1 EL Dill, gehackt

Salz und schwarzer Pfeffer, frisch gemahlen

Die Butter in einer Pfanne erhitzen, bis sie schäumt. Die Lachsfilets mit der Hautseite nach unten 2–3 Minuten braten. Die Filets wenden und etwa 2–3 Minuten braten. Warm halten.

Den Wein bei starker Hitze aufkochen. Die Hitze reduzieren und auf die Hälfte einkochen. Die Butter in Stückchen nach und nach zugeben und schmelzen lassen. Den Dill zugeben und mit Salz und Pfeffer abschmecken.

Die Fischfilets auf vorgewärmte Teller setzen und mit der Sauce begießen. Mit Kartoffelpüree und gedünstetem Gemüse oder Salat servieren.

Würzige Hühnchenschlegel

Die Mischung dieser Gewürze macht aus einfachen Keulchen eine Delikatesse. Sie können auch nur die kleinen Unterkeulchen nehmen und als Fingerfood servieren.

Ergibt 6 Portionen

3 Knoblauchzehen, zerdrückt

1 EL brauner Zucker

2 TL gemahlene Kurkuma

½ TL glutenfreies Currypulver

1 TL gemahlener Koriander

80 ml Sesamöl

2 kg Hühnchenschlegel ohne Haut

Öl zum Fetten

Den Knoblauch mit dem Zucker, den Gewürzen und dem Sesamöl mischen. Die Hühnchenschlegel ringsum damit einpinseln und in einen Gefrierbeutel geben. Den Gefrierbeutel verschließen oder zuknoten und die marinierten Schlegel mindestens 3 Stunden oder über Nacht kalt stellen.

Den Ofen auf 180 °C vorheizen und ein Backblech fetten.

Die Schlegel auf das Backblech legen und 15–20 Minuten braten. Mit gedämpftem Reis servieren.

Nudeln mit Thunfisch, Tomaten und Oliven

Glutenfreie Nudeln sind in allen möglichen Formen und Arten in Supermärkten erhältlich. Wenn Sie keine Spiralnudeln finden können, nehmen Sie Fettuccine oder Spaghetti.

Ergibt 4 Portionen

250 g glutenfreie Spiralnudeln

1 Knoblauchzehe, in feine Scheiben geschnitten

2 Scheiben Speck, fein gehackt

1 Glas schwarze Oliven ohne Steine

1 frische rote Chili, entkernt und in feine Streifen geschnitten

80 ml Olivenöl

425 g Thunfisch aus der Dose, abgetropft

2 Tomaten, gewürfelt

230 g Parmesan, gerieben

2 EL Petersilie, gehackt

Salz und schwarzer Pfeffer, frisch gemahlen

Die Nudeln in reichlich Wasser nach Herstellerangaben bissfest kochen. Abgießen und wieder in den Topf füllen. Etwas Olivenöl unterrühren und die Nudeln zugedeckt warm halten.

Den Knoblauch, den Speck, die Oliven und die Chili in 2 Esslöffeln Olivenöl bei mittlerer Hitze 1–2 Minuten dünsten. Den Tunfisch, die Tomaten und das restliche Öl zugeben und dünsten, bis die Tomaten weich sind. Die Temperatur erhöhen und die Nudeln, den Parmesan und die Petersilie zugeben. Nicht umrühren. Der Speck soll knusprig werden, aber nicht verbrennen. Abschmecken und servieren.

Nudeln mit Hühnchen, Champignons und Estragon

Hühnchen und Estragon sind wie füreinander geschaffen. Nehmen Sie frischen Estragon, um das volle Aroma genießen zu können.

Ergibt 6–8 Portionen

500 g glutenfreie Nudeln
2 EL Olivenöl
3 Knoblauchzehen, zerdrückt
400 g junge Champignons, in Scheiben geschnitten
400 g Hühnchenbrustfilet, gewürfelt
3 EL trockener Weißwein
125 ml fettarme Sahne
½ Bund glatte Blattpetersilie, gehackt
½ Bund Estragon, gehackt
3 EL Parmesan, gehobelt
Salz und schwarzer Pfeffer, frisch gemahlen

Die Nudeln in reichlich Wasser bissfest garen. Abgießen und wieder in den Topf füllen. Etwas Olivenöl unterrühren und die Nudeln zugedeckt warm halten.

Den Knoblauch im restlichen Öl 1 Minute dünsten, die Champignons und das Fleisch zugeben und bei mittlerer Hitze 3–4 Minuten leicht bräunen. Den Wein zugeben und 3 Minuten etwas reduzieren lassen. Dann die Sahne, die Petersilie und den Estragon zugeben und mit Salz und Pfeffer abschmecken.

Die Nudeln auf vorgewärmte, tiefe Teller füllen, die Sauce darübergeben und mit Parmesanspänen garnieren.

◇ *Normale Sahne kann durch laktosefreie Sahne ersetzt werden.*

Nudelauflauf mit Speck

Nudelaufläufe gibt es in allen denkbaren Variationen. Die glutenfreien Nudeln sollten nicht zu lange gekocht werden, da sie im Ofen noch weicher werden.

Ergibt 4 Portionen

400 g glutenfreie Makkaroni
200 g Speck, gewürfelt
540 ml fettarme Milch
50 g glutenfreies Maismehl (Maisstärke)
500 g fettarmer Cheddar, gerieben
3 EL Tomatensauce
80 g glutenfreies Paniermehl
50 g fettarmer Cheddar, gerieben, zum Überbacken
Salz und schwarzer Pfeffer, frisch gemahlen

Den Ofen auf 180 °C vorheizen. Vier kleine Auflaufformen (12 Zentimeter Durchmesser) fetten.

Die Nudeln in reichlich Wasser nach Herstellerangaben kochen. Die bissfesten Nudeln abgießen und wieder in den Topf füllen. Zugedeckt warm halten.

Die Speckwürfel knusprig braten und beiseitestellen.

3 Esslöffel Milch mit dem Maismehl zu einer Paste anrühren. Die restliche Milch zugeben und klümpchenfrei verrühren. Die Maismilch unter ständigem Rühren erhitzen, aber nicht aufkochen, bis sie dick wird. Den geriebenen Cheddar, die Tomatensauce und die Speckwürfel zugeben und den Käse unter Rühren schmelzen. Die Nudeln zugeben und alles gut vermischen. Mit Salz und Pfeffer abschmecken.

Die Nudelmischung in die Formen geben, das Paniermehl mit dem zusätzlichen Cheddar mischen und über die Nudeln streuen. 20 Minuten goldgelb backen.

◇ *Normale Milch kann durch laktosefreie Milch ersetzt werden.*

Chow Mein

Chow Mein

Dieses Gericht ist sehr bekömmlich und schmeckt am nächsten Tag sogar noch besser.

Ergibt 4 Portionen

200 g Glasnudeln

½ Chinakohl oder Wirsing, fein gehackt

4 Selleriestangen, in Scheiben geschnitten

2 Karotten, gewürfelt

100 g junge Champignons, in Scheiben geschnitten

1 EL Rapsöl

2 Knoblauchzehen, zerdrückt

1 EL Ingwer, gehackt

1 EL glutenfreies Currypulver

500 g mageres Rinderhackfleisch

1 EL glutenfreie Sojasauce

500 ml glutenfreie Rinderbrühe

2 EL glutenfreies Maismehl (Maisstärke)

Die Nudeln in 2–3 Zentimeter lange Stücke brechen und 4–5 Minuten in kochendem Wasser einweichen. Abgießen und beiseitestellen.

Den Kohl, den Sellerie, die Karotten und die Champignons in 2 Teelöffeln Rapsöl 6–8 Minuten unter Rühren dünsten. Das Gemüse aus der Pfanne nehmen und beiseitestellen. Das restliche Öl in die Pfanne geben und darin den Knoblauch, den Ingwer und das Currypulver bei mittlerer Hitze 2 Minuten anbraten. Das Hackfleisch zugeben und unter Rühren garen.

Die Sojasauce mit der Rinderbrühe und dem Maismehl vermischen und in die Pfanne gießen. Das Gemüse und die Nudeln zugeben und rühren, bis die Sauce eindickt. Bei geringer Hitze 20–30 Minuten köcheln. Regelmäßig rühren.

Thunfisch mit Sauce Mornay

Meine Mutter machte einen wunderbaren Thunfisch mit Sauce Mornay, als ich klein war. Es ist ein richtiges Wohlfühlgericht – probieren Sie es aus.

Ergibt 6 Portionen

400 g Langkornreis

540 ml fettarme Milch

50 g glutenfreies Maismehl (Maisstärke)

425 g Thunfisch aus der Dose, abgetropft

75 g Parmesan, gerieben

500 g fettarmer Cheddar, gerieben

Salz und schwarzer Pfeffer, frisch gemahlen

Den Reis nach Herstellerangaben kochen.

3 Esslöffel Milch mit dem Maismehl zu einer Paste anrühren. Die restliche Milch zugeben und klümpchenfrei verrühren. Die Maismilch bei mittlerer Hitze unter ständigem Rühren erhitzen, aber nicht aufkochen, bis sie dick wird.

Den Thunfisch und den geriebenen Käse zugeben und unter Rühren schmelzen. Abschmecken. Den Reis mit der doppelten Menge Wasser kochen und zu der Sauce servieren.

◇ *Normale Milch kann durch laktosefreie Milch ersetzt werden.*

Glasnudeln mit Schweinefleisch und Ingwer

Glasnudeln aus Reis enthalten manchmal einen Anteil Weizenmehl, lesen Sie daher die Packungsinformationen sorgfältig durch.

Ergibt 6 Portionen

300 g Glasnudeln
2 Knoblauchzehen, zerdrückt
1 TL Ingwer, fein gehackt
400 g Schweinesteak, in feine Streifen geschnitten
1 EL Sesamöl
1 Karotte, in feine Streifen geschnitten
1 Pak Choi, in Streifen geschnitten
60 g junger Mais
80 g Bambussprossen
70 g Kastanien aus der Dose, in Scheiben geschnitten
2 EL glutenfreie Sojasauce
1½ EL glutenfreies Maismehl (Maisstärke)
600 ml glutenfreie Hühnerbrühe

Die Nudeln in kochendem Wasser einweichen. Abgießen, unter kaltem Wasser abspülen und wieder abgießen. Beiseitestellen.

Den Knoblauch, den Ingwer und das Fleisch im Sesamöl anbraten, am besten im Wok. Das Gemüse, die Kastanien und die Sprossen zugeben und unter Rühren kurz anbraten.

Die Sojasauce mit dem Maismehl anrühren. Die Hühnerbrühe zugeben und klümpchenfrei verrühren. In den Wok gießen und bei geringer Hitze andicken. Die Nudeln zugeben, vermischen und sofort servieren.

Tofu-Sesam-Pfanne

Für dieses Rezept können Sie Glasnudeln aus Reis oder aus Mungobohnen nehmen. Sie finden sie in Asialäden.

Ergibt 4 Portionen

1 Knoblauchzehe, zerdrückt

1 TL Ingwer, gerieben

3 EL glutenfreie Sojasauce

3 EL Sushi-Essig

3 EL Sesamöl

200 g gefrorener Tofu, gewürfelt

250 g Glasnudeln

200 g Zuckererbsen, ohne Spitzen und Stiel

400 g Brokkoli, in Röschen geteilt

1 TL Dijon-Senf

1 EL brauner Zucker

2 EL Sesamsamen, geröstet

Den Knoblauch mit dem Ingwer, der Sojasauce, dem Sushi-Essig und 1 Esslöffel Sesamöl mischen. Den Tofu zugeben und von allen Seiten benetzen. Zugedeckt 2 Stunden kalt stellen.

Die Nudeln in heißem Wasser ca. 4–5 Minuten einweichen. Abgießen, unter kaltem Wasser abspülen und wieder abgießen.

Den Tofu abgießen, die Marinade auffangen. Den Tofu bei mittlerer Hitze 2–3 Minuten braten. Die Zuckererbsen und den Brokkoli zugeben und 3–5 Minuten zart garen.

Den Senf mit dem Zucker, dem übrigen Sesamöl und der restlichen Marinade vermischen, über den Tofu und das Gemüse geben und verrühren. Die Nudeln und den gerösteten Sesam zugeben, vermischen und vorsichtig erwärmen.

Paella

Paella ist eine wundervolle Kombination aus leuchtenden Farben und unterschiedlichsten Aromen. Die vielen Zutaten machen jeden Bissen zu etwas Besonderem.

Ergibt 6 Portionen

100 g glutenfreie Chorizo, in Scheiben geschnitten
2 Knoblauchzehen, zerdrückt
3 EL Olivenöl
1 rote Paprika, entkernt und in Streifen geschnitten
800 g Reis
¼ TL gemahlene Kurkuma
¼ TL Safranpulver
750 ml glutenfreie Gemüsebrühe
2 EL Fischsauce
400 g stückige Tomaten aus der Dose
500 g glutenfreie, gemischte Meeresfrüchte
300 g festes Weißfischfilet, grob gewürfelt
150 g tiefgekühlte Erbsen
2 EL Olivenöl, zusätzlich

Die Chorizo und den Knoblauch in 1 Esslöffel Olivenöl bei mittlerer Hitze unter Rühren anbraten.

Die Temperatur reduzieren, die Paprika, den Reis, die Kurkuma und den Safran zugeben und 1–2 Minuten dünsten. Die Gemüsebrühe, die Fischsauce und die Tomaten hinzufügen. 20 Minuten leicht köcheln lassen.

Die Meeresfrüchte, die Fischwürfel und die Erbsen auf die Reismischung legen und einen Deckel auflegen. 6–10 Minuten bei geringer Hitze garen. Der Reis muss weich und die Meeresfrüchte gar sein. 2 Esslöffel Olivenöl unterrühren und sofort servieren.

Orientalischer Reis

Der Naturreis gibt diesem Gericht Biss, die orientalischen Aromen Seele. Anstelle von Reis kann auch Hirse verwendet werden.

Ergibt 4 Portionen

500 g Kürbis, gewürfelt
3 EL Olivenöl
1 l glutenfreie Gemüsebrühe
300 g Naturreis, abgespült und abgetropft
1 Knoblauchzehe, zerdrückt
2 TL Kreuzkümmelsamen
1 TL Safranpulver
1 große Aubergine, gewürfelt
70 g gesalzene, geröstete Cashewkerne
1–2 EL Zitronensaft
1 Bund Korianderblätter, gehackt
Salz und schwarzer Pfeffer, frisch gemahlen

Den Ofen auf 180 °C vorheizen.

Die Kürbiswürfel mit 1 Esslöffel Olivenöl beträufeln, mit Salz und Pfeffer würzen und auf einem Backblech 30 Minuten goldbraun backen. Beiseitestellen.

Die Gemüsebrühe aufkochen, den Reis zugeben und bei geringer Hitze zugedeckt 45 Minuten garen, bis die Flüssigkeit aufgesaugt und der Reis weich ist. Falls nötig, etwas Brühe zugießen. Abspülen, abgießen und auf Zimmertemperatur abkühlen lassen.

Den Knoblauch, den Kreuzkümmel und den Safran im restlichen Olivenöl 1–2 Minuten braten. Die Aubergine und die Cashews zugeben und 5–10 Minuten zart dünsten. Vom Herd nehmen und auf Zimmertemperatur abkühlen lassen.

Die abgekühlten Kürbiswürfel, den Reis, die Aubergine, die Cashews, den Zitronensaft und den Koriander mischen. Mit Salz und Pfeffer abschmecken.

Hühnchen süßsauer

Die meisten süßsauren Gerichte werden mit paniertem Fleisch zubereitet und sind deshalb ungeeignet für Menschen mit Zöliakie. Hier kommt nun die Alternative für all jene, die auf süßsaure Gerichte nicht verzichten möchten!

Ergibt 4 Portionen

3 Eiweiß

2½ EL glutenfreies Maismehl (Maisstärke)

250 ml Rapsöl

400 g Hühnchenbrustfilets, in feine Streifen geschnitten

2 Zucchini, längs halbiert

1 rote Paprika, gewürfelt

1 grüne Paprika, gewürfelt

225 g Ananasstücke aus der Dose, abgetropft, den Sirup aufbewahren

3 EL Zitronensaft

240 ml glutenfreie Hühnerbrühe

Den Ofen auf 150 °C vorheizen.

Eiweiß mit 1½ Esslöffeln Maismehl klümpchenfrei vermischen.

Das Öl im Wok erhitzen, bis es zu rauchen beginnt. Jeweils einige Streifen Hühnchenfleisch in den Teig tauchen und abtropfen lassen. Die Fleischstreifen vorsichtig in das heiße Öl gleiten lassen und 1–1½ Minuten leicht bräunen. Mit einem Schaumlöffel herausheben und auf Küchenpapier abtropfen lassen. Die fertigen Fleischstücke im Ofen warm halten.

Die Temperatur reduzieren und das Öl aus dem Wok bis auf 1 Esslöffel abgießen. Die Zucchini in etwa 5 Millimeter dicke Scheiben schneiden und mit der Paprika und den Ananasstücken zugeben und weich dünsten.

Das restliche Maismehl mit 3 Esslöffeln Ananassirup verrühren. Den Zitronensaft, die Hühnerbrühe und den restlichen Ananassirup zugeben. Die Sauce aufkochen und bei geringer Hitze 3–5 Minuten eindicken.

Die Sauce in den Wok gießen und alles gut vermischen. Das Hühnchenfleisch zugeben und mit gedämpftem Reis servieren.

Chinesische Hühnchenpfanne

Chinesische Fünf-Gewürze-Mischung ist eine meiner Lieblings-Gewürzmischungen. Sie macht aus einem schlichten Gericht ein Aromawunder.

Ergibt 8 Portionen

3 EL Sesamöl
1 kg Hühnchenbrustfilets, gewürfelt
1½ EL glutenfreies Maismehl (Maisstärke)
3 EL glutenfreie Sojasauce
135 g brauner Zucker
3 Anissterne
1½ TL chinesische Fünf-Gewürze-Mischung
2 Knoblauchzehen, zerdrückt
½ grüne Paprika, in Streifen geschnitten
½ rote Paprika, in Streifen geschnitten
80 g Bohnensprossen

1 Esslöffel Sesamöl im Wok erhitzen. Die Hälfte des Hühnchenfleischs zugeben und leicht bräunen. Die restlichen Fleischstücke braten, die fertigen Fleischstücke warm halten.

Das Maismehl mit der Sojasauce verrühren. 240 Milliliter Wasser zugeben und verrühren. Den Zucker, die Anissterne und die Fünf-Gewürze-Mischung zugeben und gut rühren.

Das restliche Öl im Wok erhitzen und den Knoblauch darin bräunen. Die Hühnchenstücke und die Sauce zugeben. Aufkochen, die Temperatur reduzieren und zugedeckt 15 Minuten garen. Gelegentlich umrühren. Bei starker Hitze die Paprika zugeben und zart dünsten. Die Bohnensprossen unterrühren und mit gedämpftem Reis servieren.

Pikanter Tofu

Die ungewöhnliche Mischung von Kräutern und Gewürzen machen den Tofu zum Überraschungspaket. Mit gedämpftem Reis servieren.

Ergibt 4 Portionen

2 EL Rapsöl
5 EL glutenfreie Sojasauce
5 EL chinesischer Reiswein
3 TL Ingwer, fein gehackt
2 Anissterne
1 TL chinesische Fünf-Gewürze-Mischung
1 TL Piment
1 EL glutenfreies Maismehl (Maisstärke)
2 EL brauner Zucker
Schale von ½ Orange
750 g fester Tofu, gewürfelt
200 g Zuckererbsen, ohne Spitzen und Stiel
1 Zimtstange
3 EL Korianderblätter, gehackt

Das Öl mit der Sojasauce, dem Reiswein, den Gewürzen, dem Maismehl, dem Zucker und der Orangenschale mischen. Den Tofu zugeben, vermengen und zugedeckt im Kühlschrank 3–4 Stunden oder über Nacht marinieren.

Den Tofu mit der Marinade, den Erbsen, der Zimtstange und 240 Millilitern Wasser bei mittlerer Hitze unter ständigem Rühren dünsten, bis die Erbsen weich sind. Die Anissterne, die Zimtstange und die Orangenschale entfernen und den Koriander unterrühren.

Schneller Risotto

Mit dieser schnellen Variante des traditionellen Gerichts können Sie den cremigen Reis mit seinem wunderbaren Aroma innerhalb von Minuten genießen.

Ergibt 4 Portionen

3 Knoblauchzehen, zerdrückt
400 g Hühnchenbrust, ohne Haut, in Streifen geschnitten
2 TL Olivenöl
1,5 l glutenfreie Hühnerbrühe
400 g Risottoreis (z. B. Arborio)
1 mittelgroße Karotte, geraspelt
90 g Brokkoli, in Röschen geteilt
1 Zucchino, längs halbiert und in Scheiben geschnitten
120 g Parmesan, gerieben
3 EL Petersilie, gehackt
Salz und schwarzer Pfeffer, frisch gemahlen

Den Knoblauch und das Hühnchenfleisch bei mittlerer Hitze im Olivenöl 3–5 Minuten bräunen.

Die Hühnerbrühe aufkochen, den Reis zugeben und unter ständigem Rühren garen. Wenn fast die gesamte Flüssigkeit aufgesaugt ist, das Hühnchenfleisch, die Karotte, den Brokkoli und die Zucchini zugeben und gut vermengen. Weitergaren, bis die Flüssigkeit verbraucht und das Gemüse zart ist. Etwas Brühe zugeben, falls nötig.

Den Parmesan und die Petersilie hinzufügen und mit Salz und Pfeffer abschmecken. Sofort servieren.

Risotto mit marinierter Paprika

Die drei Farben der Paprika machen dieses Gericht schön bunt.

Ergibt 4 Portionen

1 große rote Paprika
1 große grüne Paprika
1 große gelbe Paprika
2 TL Olivenöl
2 EL Rotwein-Essig
3 EL Olivenöl zusätzlich
3 EL Petersilie, gehackt
2 Knoblauchzehen, zerdrückt
2 l glutenfreie Gemüsebrühe
600 g Risottoreis (z. B. Arborio)
125 ml trockener Weißwein
125 ml fettarme Sahne
120 g Parmesan, gerieben
3 EL Petersilie, gehackt, zusätzlich
Salz und schwarzer Pfeffer, frisch gemahlen

Den Backofengrill vorheizen. Die Paprika vierteln und entkernen. Die Paprikastücke mit der Haut nach oben unter den Grill legen und mit Olivenöl beträufeln. 8–10 Minuten grillen, bis die Haut schwarz und das Fruchtfleisch zart ist. Mit Folie abdecken und 10 Minuten beiseitestellen. Die Haut abziehen und die Paprika in Streifen schneiden.

Die Paprikastreifen mit dem Rotwein-Essig, dem zusätzlichen Olivenöl, der Petersilie, dem Knoblauch sowie Salz und Pfeffer mischen. Mit Frischhaltefolie abgedeckt im Kühlschrank mindestens 1–2 Stunden marinieren.

Die Gemüsebrühe erhitzen. Den Reis mit dem Wein aufkochen, bis der Wein aufgesaugt ist. 1 Schöpflöffel der heißen Brühe zugeben und rühren, bis die Flüssigkeit aufgesaugt ist. Diesen Vorgang wiederholen, die letzten 250 Milliliter aufsparen. Die marinierten Paprikastreifen zum Reis geben, die restliche Brühe zugeben und rühren, bis die Flüssigkeit aufgesaugt ist. Die Sahne, den Parmesan und die Petersilie zugeben, mit Salz und Pfeffer abschmecken und sofort servieren.

◇ *Normale Sahne kann durch laktosefreie Sahne ersetzt werden.*

Asiatisches Entenrisotto

Obwohl ein Risotto natürlich ein italienischer Klassiker ist, kann es auch asiatisch inspiriert ganz köstlich sein. Sie können die Ente durch Hühnchen ersetzen.

Ergibt 4–6 Portionen

1½ TL chinesische Fünf-Gewürze-Mischung

1½ EL Korianderblätter, gehackt, plus einige Blätter zum Garnieren

½ TL gemahlener Kreuzkümmel

1 Knoblauchzehe, zerdrückt

1 EL Ingwer, gerieben

3 EL Sesamöl

500 g Entenbrustfilet, in Streifen geschnitten

2 EL Olivenöl

400 g Risottoreis (z. B. Arborio)

1,5 l glutenfreie Hühnerbrühe

1 Karotte, in feine Streifen geschnitten

½ grüne Paprika, in feine Streifen geschnitten

½ rote Paprika, in feine Streifen geschnitten

40 g Bambussprossen

80 g Bohnensprossen

3 EL glutenfreie Sojasauce

Salz und schwarzer Pfeffer, frisch gemahlen

Die Fünf-Gewürze-Mischung mit dem Koriander, dem Kreuzkümmel, dem Knoblauch, dem Ingwer und 2 Esslöffeln Sesamöl zu einer Paste verrühren. Die Entenfleischstücke darin wenden und zugedeckt 3 Stunden kalt stellen.

Die Brühe erhitzen. Das restliche Sesamöl in einem großen Topf erhitzen und das Entenfleisch 3–4 Minuten garen und leicht bräunen. Mit einem Schaumlöffel herausheben und beiseitestellen.

Das Olivenöl und den Reis in den Topf geben und rühren, bis der Reis gut mit dem Öl vermischt ist. 1 Schöpflöffel der heißen Brühe zugeben und rühren, bis die Flüssigkeit aufgesaugt ist. Diesen Vorgang wiederholen, die letzten 250 Milliliter aufsparen. Das Entenfleisch, das Gemüse, die Sojasauce und die restliche Brühe zugeben und rühren, bis alles gleichmäßig heiß ist. Vor dem Servieren mit Salz und Pfeffer abschmecken.

Desserts

Schokoladenpudding

Dieser Schokoladenpudding mit zartschmelzender Creme unter knuspriger Kruste war ein Hochgenuss, als ich klein war. Nach der Zöliakie-Diagnose habe ich das Originalrezept angepasst, damit ich auf diese grandiose Köstlichkeit nicht verzichten muss.

85 g feines Reismehl
3 EL glutenfreies Maismehl (Maisstärke)
3 EL Sojamehl
1 TL Natron
2 TL glutenfreies Backpulver
1 TL Xanthan (nach Belieben)
140 g Zucker
55 g Kakaopulver
180 ml fettarme Milch
1 TL Vanille-Essenz
2 Eier, leicht verquirlt
40 g Butter, zerlassen
150 g brauner Zucker
2 EL Kakaopulver zusätzlich
Schlagsahne zum Servieren

Den Ofen auf 180 °C vorheizen. Eine Auflaufform (1,5 Liter Inhalt) fetten.

Die Mehle, das Natron, das Backpulver, das Xanthan, den Zucker und das Kakaopulver dreimal in eine Schüssel sieben oder mit einem Schneebesen sehr sorgfältig vermischen.

In einer separaten Schüssel die Milch mit der Vanille-Essenz, den Eiern und der Butter verrühren. Die Milchmischung zu den trockenen Zutaten geben und zu einem glatten Teig verarbeiten. Die Mischung in die Auflaufform füllen.

Den braunen Zucker mit dem zusätzlichen Kakaopulver und 420 Millilitern heißem Wasser verrühren und über den Pudding gießen. 45–55 Minuten backen, bis die Kruste knusprig und das Innere zartschmelzend ist. Mit Schlagsahne servieren.

◇ *Normale Milch kann durch laktosefreie Milch ersetzt werden.*

Gebackener Ricotta mit Rumrosinen

Kaufen Sie frischen Ricotta guter Qualität, denn er bestimmt das Gelingen dieses Desserts. Die Rumrosinen geben ihm ein feines aber aufregendes Aroma.

Ergibt 8 Portionen

70 g Rosinen
2 EL Rum
2½ EL Zucker
750 g frischer Ricotta
3 Eier
1 TL Vanille-Essenz
Schokoladeneis zum Servieren

Schokoladen-Rum-Sauce

50 g Butter
90 g brauner Zucker
125 ml fettarme Sahne
2 EL Kakaopulver
50 g dunkle Schokolade
1–2 EL Rum

Die Rosinen mit dem Rum vermischen und mindestens 3 Stunden oder über Nacht ziehen lassen.

Den Ofen auf 160 °C vorheizen. Acht kleine Ramekin- oder Puddingförmchen fetten.

Den Zucker sorgfältig mit dem Ricotta, den Eiern und der Vanille-Essenz verquirlen. Das Rühren kann auch im Mixer geschehen. Die eingeweichten Rosinen zugeben und vorsichtig unterheben.

Die Ricottacreme in die Förmchen füllen. Die Förmchen in eine große Auflaufform setzen und so viel kochendes Wasser in die große Form gießen, dass die kleinen Förmchen bis zur halben Höhe im Wasser stehen. Die Auflaufform mit Folie abdecken und 30 Minuten backen. Die Förmchen aus dem heißen Wasser nehmen und auf Zimmertemperatur abkühlen lassen. Je einen gebackenen Ricotta auf einen Teller stürzen und kalt stellen.

Für die Schokoladensauce die Butter zerlassen. Den braunen Zucker, die Sahne, das Kakaopulver und die dunkle Schokolade zugeben und schmelzen. Alles zu einer glatten Sauce verrühren. Dann den Rum einrühren.

Den gebackenen Ricotta mit dem Schokoladeneis und der Schokoladen-Rum-Sauce servieren.

◇ *Dieses Dessert ist nicht geeignet für Menschen mit Laktoseintoleranz.*

Beschwipste Beeren

Käsekuchen mit Chai Latte

Der Kuchen ist nicht geeignet für Menschen mit Laktoseintoleranz.

Ergibt 10 Portionen

200 g glutenfreie, süße Plätzchen
80 g Butter, zerlassen
500 g Doppelrahmfrischkäse
300 ml Sahne
170 g Zucker
40 g glutenfreies Chai-Latte-Pulver
3 Eier (Zimmertemperatur)
Schlagsahne zum Servieren

Den Boden und die Seiten einer Springform (20 Zentimeter Durchmesser) mit Backpapier auslegen. Die Plätzchen im Mixer zu feinen Krümeln zerschlagen. Die zerlassene Butter zugeben und gut vermengen.

Die Butter-Plätzchen-Mischung auf dem Boden der Kuchenform verteilen, andrücken und 20–30 Minuten kalt stellen. Den Ofen auf 160 °C vorheizen.

Die Schüssel des Mixers spülen. Den Frischkäse, die Sahne, den Zucker und das Chai-Latte-Pulver darin zu einer homogenen Masse verrühren. Bei eingeschaltetem Gerät die Eier einzeln zugeben.

Die Käsefüllung auf dem Kuchenboden verteilen. 45 Minuten backen, dann mit Alufolie abdecken und weitere 10 Minuten backen. Die Mitte muss gerade fest sein. Den Ofen ausschalten und den Käsekuchen bei angelehnter Tür 2 Stunden abkühlen lassen. Risse in der Oberfläche des Kuchens sind normal und beeinträchtigen den Geschmack nicht. Den abgekühlten Kuchen 4 Stunden kalt stellen. Den Käsekuchen kurz vor dem Servieren mit Schlagsahne bestreichen.

Beschwipste Beeren

Der Cointreau gibt den Beeren den Schwips. Um das Dessert kindgerecht zu machen, lassen Sie ihn einfach weg.

Ergibt 8 Portionen

170 g Zucker
3 EL Cointreau
500 g frische Beeren (Himbeeren, Brombeeren, Heidelbeeren oder geviertelte Erdbeeren)
Schlagsahne und Vanilleeis zum Servieren

Den Zucker mit 120 Millilitern Wasser bei starker Hitze aufkochen. Die Hitze reduzieren und unter ständigem Rühren 5–8 Minuten köcheln lassen, bis der Zucker ganz gelöst ist. 5 Minuten beiseitestellen.

Den Cointreau in den Sirup rühren und 1 Stunde kalt stellen.

Die Beeren mit dem abgekühlten Sirup mischen. In einem luftdichten Behälter 24 Stunden im Kühlschrank ziehen lassen. Mit Schlagsahne oder Vanilleeis servieren.

Türkische Eiscreme

Eiscreme selbst herstellen ist leichter, als Sie denken. Das Rezept lässt sich für viele andere Geschmacksrichtungen variieren.

Ergibt 6–8 Portionen

125 g Zucker

5 Eigelb

1 TL Rosenwasser-Essenz

2 Tropfen rote Lebensmittelfarbe

200 ml Sahne, leicht geschlagen

60 g dunkle Schokolade, geraspelt

Den Zucker in 100 Millilitern Wasser bei geringer Hitze auflösen. Bei mittlerer Hitze 10–15 Minuten köcheln lassen und auf die Hälfte reduzieren, dabei rühren.

Die Eigelbe mit dem elektrischen Rührgerät 5–10 Minuten zu einer dicken, cremigen Masse schlagen, deren Volumen sich verdoppelt hat. Den heißen Zuckersirup langsam zugießen und 10 Minuten weiterschlagen, bis die Mischung abgekühlt ist.

Die Rosenwasser-Essenz und die Lebensmittelfarbe zur Schlagsahne geben und steif schlagen. Die geraspelte Schokolade zur Sahne geben. Die Sahnemischung vorsichtig unter die Eimischung heben und in eine rechteckige Metallschüssel (1 Liter Inhalt) gießen. Mit Frischhaltefolie abdecken und über Nacht tiefkühlen.

◇ *Wenn Sie keine Laktose vertragen, sollten Sie diese Eiscreme nur in kleinen Mengen genießen oder laktosefreie Sahne verwenden.*

Zitronen-Limetten-Eiscreme

Das Aroma der Zitronen und Limetten in diesem cremigen Eis ist fein und zurückhaltend, nicht aufdringlich und scharf. Das Eis ist ein cremiger Genuss und eine willkommene Erfrischung.

Ergibt 6–8 Portionen

150 g Zucker

Schale von 1 kleinen Zitrone, gerieben

1 Spritzer Zitronensaft

Schale von 1 Limette, gerieben

1 Spritzer Limettensaft

5 Eigelb

250 ml Sahne, leicht geschlagen

Zitronat zum Garnieren

Den Zucker mit den abgeriebenen Zitrusschalen in 100 Millilitern Wasser bei geringer Hitze auflösen. Bei mittlerer Hitze 10–15 Minuten köcheln lassen und auf die Hälfte reduzieren, dabei rühren.

Die Eigelbe mit dem elektrischen Rührgerät 5–10 Minuten zu einer dicken, cremigen Masse schlagen, deren Volumen sich verdoppelt hat. Den heißen Zuckersirup langsam zugießen und 10 Minuten weiterschlagen, bis die Mischung abgekühlt ist. Die Sahne und je 1 Spritzer Zitronen- und Limettensaft vorsichtig unterheben. Die Eismischung in eine rechteckige Metallschüssel (1 Liter Inhalt) gießen. Mit Frischhaltefolie abdecken und über Nacht tiefkühlen.

Mit Zitronat garniert servieren.

◇ *Wenn Sie keine Laktose vertragen, sollten Sie diese Eiscreme nur in kleinen Mengen genießen oder laktosefreie Sahne verwenden.*

Zitronen-Limetten-Eiscreme

Orangen-Mohn-Soufflés

Schokoladen-Reis-Pudding

Dieses Dessert braucht, wie ein guter Risotto, seine Zeit in der Zubereitung, aber Sie werden sicher feststellen, dass es die Mühe wert ist. Je nach Wunsch können Sie das Aroma durch die Zugabe von 1–2 Esslöffeln Likör variieren.

Ergibt 4 Portionen

1 Liter fettarme Milch

100 g Rundkornreis

75 g Zucker

150 g dunkle Schokolade von guter Qualität, in Stückchen

2 EL Kaffee- oder Kokosnusslikör (nach Belieben)

Alle Zutaten bis auf den Likör miteinander mischen und bei mittlerer Hitze unter ständigem Rühren aufkochen. 40–45 Minuten köcheln lassen, dabei gelegentlich umrühren, bis der Reis weich und die Mischung dick und cremig ist. Vom Herd nehmen und den Likör zugeben. In Dessertschälchen füllen und warm servieren oder 3–4 Stunden kalt stellen.

◇ *Die Milch kann durch laktosefreie Milch ersetzt werden.*

Orangen-Mohn-Soufflés

Soufflés haben den Ruf, kompliziert zu sein, aber diese hier sind ganz einfach.

Ergibt 6 Portionen

170 g Zucker

3 EL glutenfreies Maismehl (Maisstärke)

240 ml Milch

3 Eigelb

abgeriebene Schale und Saft von 1 Orange

2 TL Mohn

5 Eiweiß

Butter und Zucker für die Förmchen

Das Maismehl mit 1 Esslöffel Milch und einem Eigelb mischen. Die restliche Milch mit der Orangenschale bei mittlerer Hitze aufkochen (die Milch sieht geronnen aus, aber das ist in Ordnung). Vom Herd nehmen, das angerührte Maismehl einrühren und bei geringer Hitze unter ständigem Rühren andicken.

Den Mohn mit 50 Gramm Zucker und den restlichen Eigelben gut vermischen und zur Milchmischung geben. 2–3 Minuten unter ständigem Rühren kochen.

Das Eiweiß steif schlagen. Den restlichen Zucker zum Eiweiß geben und weiterschlagen, bis der Zucker gelöst ist. Die Hälfte des geschlagenen Eiweiß unter die Milchmischung heben, dann den Rest unterheben.

Sechs kleine Souffléförmchen mit Butter fetten und mit Zucker ausstreuen. Die Mischung in die Souffléförmchen füllen, dabei mindestens einen Rand von 1 Zentimeter Höhe lassen. 12–15 Minuten bei 200 °C backen und sofort servieren.

◇ *Die Milch kann durch laktosefreie Milch ersetzt werden.*

Zimt-Semifreddo mit Beeren

Zimt passt hervorragend zu süßen Gerichten. Dieses Semifreddo ist köstlich mit Beeren, aber auch mit Toffee oder Schokoladensplittern.

Ergibt 8–10 Portionen

2 Eier

4 Eigelb

170 g Zucker

600 ml Sahne

1 TL gemahlener Zimt

150 g frische Beeren (Himbeeren, Heidelbeeren oder geviertelte Erdbeeren)

Eine Kastenform (9 x 19 Zentimeter) mit Frischhaltefolie auslegen, dabei Folie über die Seiten hängen lassen.

Die Eier, das Eigelb und den Zucker in einer hitzebeständigen Schüssel mit dem elektrischen Mixer 2–3 Minuten schlagen, bis das Volumen mindestens verdoppelt ist. Im Wasserbad 6–8 Minuten weiterschlagen, bis die Mischung dick, cremig und etwas heller ist. Die Schüssel vom Wasserbad nehmen und weitere 2 Minuten schlagen, bis die Mischung abgekühlt ist.

Die Rührhaken spülen. Die Sahne mit dem Zimt schlagen und anschließend vorsichtig unter die Eimischung heben. Die Mischung in die vorbereitete Form füllen, die Folie überschlagen und mindestens 6 Stunden (besser über Nacht) tiefkühlen.

Zum Servieren die Folie oben abziehen, das Semifreddo 2–3 Minuten antauen lassen und auf eine Servierplatte stürzen. Mit frischen Beeren servieren.

◇ *Die Sahne kann durch laktosefreie Sahne ersetzt werden.*

Rhabarberkompott in Ingwersirup

Rhabarber ist ein vielseitiges Gemüse – jawohl, Gemüse! Ich liebe es mit Streuseln, im Kuchen oder eben mit diesem köstlichen Ingwersirup. Ich bin sicher, Sie werden es auch lieben.

Ergibt 4 Portionen

500 g Rhabarber

115 g Zucker

5 cm Ingwer, in dünne Scheiben geschnitten

3 EL Pistazien, gehackt

Eiscreme (nach Belieben)

Den Rhabarber schälen und in 3 Zentimeter lange Stücke schneiden. Ausreichend Wasser aufkochen, den Rhabarber zugeben und ca. 5 Minuten weich kochen. Abgießen, unter kaltem Wasser abspülen und wieder abgießen. Anschließend beiseitestellen.

Den Zucker und den Ingwer in 500 Millilitern Wasser unter Rühren köcheln lassen, bis der Zucker gelöst ist. Bei starker Hitze ohne Rühren 5 Minuten einkochen. Vom Herd nehmen und den Rhabarber einrühren.

In einer Schüssel abgedeckt mindestens 3 Stunden kalt stellen. Warm oder kalt mit gehackten Pistazien und Eiscreme servieren.

Rhabarberkompott in Ingwersirup

Schoko-Minz-Mousse

Karamell-Bananen-Torte

Fertiger, glutenfreier Mürbeteig ist heutzutage in größeren Reformhäusern mit Tiefkühlangebot erhältlich.

Ergibt 10–12 Portionen

fertiger, glutenfreier Mürbeteig (30 x 30 cm)
Schlagsahne zum Servieren

Bananenfüllung

385 ml süße Kondensmilch aus der Dose
250 g Doppelrahmfrischkäse
1 EL Zitronensaft
3 reife Bananen

Karamellcreme

125 ml Sahne
90 g brauner Zucker
1 EL glutenfreies Maismehl (Maisstärke)
15 g Butter

Eine Quicheform (23 Zentimeter Durchmesser) fetten. Den Teig in die Form drücken und 10 Minuten goldgelb backen. Beiseitestellen und vollständig abkühlen lassen. Die Kondensmilch mit dem Frischkäse, dem Zitronensaft und zwei Bananen im Mixer pürieren.

Für die Karamellcreme Sahne, Zucker und Maismehl klümpchenfrei verrühren. Bei mittlerer Hitze unter Rühren erwärmen, bis die Mischung dick und cremig ist. Vom Herd nehmen, die Butter einrühren. Die übrige Banane in Scheiben schneiden und auf dem Teig verteilen. Erst die Karamellcreme dann die Bananenfüllung darübergeben. 30–40 Minuten bei 170 °C backen. Die Oberfläche soll fest und leicht golden sein. Den Kuchen 3 Stunden kalt stellen.

◇ *Die Sahne kann durch laktosefreie Sahne ersetzt werden.*

Schoko-Minz-Mousse

Die Kombination von Schokolade und Minze in dieser reichhaltigen Mousse ist ein wahrhaft himmlisches Vergnügen. Zügeln Sie sich – besonders, wenn Sie keine Laktose vertragen.

Ergibt 4 Portionen

1½ TL Gelatinepulver
200 g dunkle Schokolade guter Qualität
150 ml Sahne
1½ TL Pfefferminz-Essenz
3 Eier, getrennt
2 EL Zucker
Kakaopulver zum Bestäuben (nach Belieben)
glutenfreie Pfefferminzschokolade zum Servieren
Schlagsahne zum Servieren

Das Gelatinepulver in einer hitzebeständigen Schüssel in 3 Esslöffeln kochendem Wasser auflösen.

Die Schokolade mit der Sahne und der Pfefferminz-Essenz in einer hitzefesten Schüssel vermischen. Die Schokolade im Wasserbad schmelzen. Auf Zimmertemperatur abkühlen lassen, dann die aufgelöste Gelatine und die Eigelbe nach und nach einrühren. Das Eiweiß steif schlagen, den Zucker dazugeben und weiterschlagen, bis der Zucker gelöst ist.

Das Eiweiß vorsichtig unter die Schokoladenmischung heben. Die Mischung in vier kleine Servierschälchen füllen und 3–4 Stunden oder über Nacht kalt stellen. Nach Belieben mit Kakaopulver bestäuben und mit glutenfreier Pfefferminzschokolade und Schlagsahneservieren.

◇ *Die Sahne kann durch laktosefreie Sahne ersetzt werden.*

Cappuccino-Crème-Brûlée

Die klassische Crème brûlée ist mit einem feinen Cappucino-Aroma besonders köstlich. Ein Gourmetbrenner ist ideal zum Karamellisieren.

Ergibt 4 Portionen

600 ml Sahne

1 TL Vanille-Essenz

8 Eigelb

135 g brauner Zucker

3–4 TL Instant-Kaffeepulver

1 EL Kaffeelikör (nach Belieben)

70 g Zucker

Die Sahne mit der Vanille-Essenz bei geringer Hitze fast aufkochen. Bevor die Sahne aufwallt, beiseitestellen und etwas abkühlen lassen.

Das Eigelb mit dem braunen Zucker dick und cremig schlagen. Die Vanillesahne zur Eimischung geben und schlagen. Die Creme wieder in den Topf schütten und 6–8 Minuten bei geringer Hitze unter Rühren etwas eindicken.

Das Kaffeepulver in 1 Esslöffel heißem Wasser auflösen. Den Likör unterrühren und zur Creme geben. Die Creme in eine Schüssel gießen und diese auf Eis setzen, um den Garprozess zu unterbrechen. Anschließend in vier flache Schälchen gießen und 3 Stunden kalt stellen.

Kurz vor dem Servieren jedes Schälchen mit 1 Esslöffel Zucker bestreuen und mit einem Gourmetbrenner oder unter dem Ofengrill karamellisieren.

◇ *Die Sahne kann durch laktosefreie Sahne ersetzt werden.*

Mokka-Trüffel

Diese Trüffel sind ebenso reichhaltig wie köstlich. Nehmen Sie eine Schokolade von guter Qualität, damit der Genuss vollkommen wird.

Ergibt ca. 30 Stück

375 g dunkle Schokolade, gehackt

80 ml Sahne, geschlagen

80 ml Kaffeelikör

Kakaopulver zum Bestäuben

Die Schokolade mit der Sahne und dem Likör in eine hitzebeständige Schüssel geben. Die Schokolade im Wasserbad schmelzen und glatt rühren. 2 Stunden kalt stellen, bis die Masse fest genug ist, um Kugeln daraus zu rollen.

Ein Backblech mit Backpapier auslegen und das Kakaopulver auf einen Teller sieben.

1–2 Teelöffel der Schokoladenmasse zu kirschgroßen Kugeln formen und jeweils fünf bis sechs Trüffel zusammen im Kakaopulver wälzen, bis sie von allen Seiten gut bestäubt sind. Die fertigen Trüffel auf das Backblech setzen. Vor dem Servieren 1 Stunde kalt stellen.

◇ *Die Sahne kann durch laktosefreie Sahne ersetzt werden.*

Mokka-Trüffel

Kuchen und Gebäck

Ingwer-Dattel-Schnitten

Dieses Rezept ist für meinen Vater, der Ingwer in jeder Zubereitungsform liebt. Man kann die Datteln auch weglassen und dafür die doppelte Menge Ingwer nehmen.

Ergibt ca. 30 Stück

200 ml gesüßte Kondensmilch

135 g brauner Zucker

125 g Butter

60 g Datteln, entsteint und gehackt

60 g kandierter Ingwer, fein gehackt

1 TL Ingwer, gerieben

250 g glutenfreie, süße Plätzchen, zerstoßen

100 g dunkle Schokolade

Eine rechteckige Auflaufform (20 Zentimeter) mit Backpapier auslegen.

Die Kondensmilch mit dem braunen Zucker und der Butter bei mittlerer Hitze erwärmen, bis der Zucker gelöst ist. Die Datteln, den kandierten Ingwer, den frischen Ingwer und die zerstoßenen Plätzchen zugeben und gut vermischen. Die Mischung in die Auflaufform geben und die Oberfläche glätten.

Die Schokolade in einer hitzebeständigen Schüssel über dem Wasserbad schmelzen.

Die geschmolzene Schokolade auf die Dattelschnitten träufeln und 2 Stunden kalt stellen. In Stücke schneiden und servieren.

Mandel-Paranuss-Schnitten

Die Mandel-Essenz gibt den Schnitten ein feines Marzipanaroma, das ich ganz köstlich finde. Wenn es Ihnen aber übertrieben erscheint, lassen Sie es weg.

Ergibt ca. 30 Stück

60 g Mandelstiftchen

110 g Paranüsse, gehackt

150 g glutenfreie, süße Plätzchen, zerstoßen

75 g Zucker

40 g Kokosraspeln

125 g Butter, zerlassen

1 TL Mandel-Essenz

Den Ofen auf 180 °C vorheizen und ein Backblech mit Backpapier auslegen. Eine rechteckige Auflaufform (15 Zentimeter) fetten und mit Backpapier auslegen.

Die Mandelblättchen und die Paranüsse auf dem Backblech auslegen und 5 Minuten goldbraun rösten. 2 Esslöffel der Mandelstiftchen beiseitestellen, die restlichen Mandeln und Nüsse in eine Schüssel geben.

Die zerstoßenen Plätzchen, den Zucker und die Kokosraspel zugeben. Dann die zerlassene Butter und die Mandel-Essenz untermengen.

Die Mischung in die Auflaufform geben und die Oberfläche glätten. Die zurückbehaltenen Mandelstifte aufstreuen und leicht andrücken. 3 Stunden kalt stellen. Aus der Form stürzen und in Streifen schneiden.

Mandel-Paranuss-Schnitten

Panforte

Diese reichhaltige Delikatesse wird oft für Weihnachten reserviert, aber ich denke, man sollte sie viel häufiger genießen. Panforte hält sich im Kühlschrank bis zu 1 Monat frisch. Dieses Rezept ist nicht geeignet für Menschen mit Sorbit-Intoleranz.

Ergibt 36 Schnitten

180 ml heller Sirup
270 g brauner Zucker
2 EL Orangenmarmelade
100 g dunkle Schokolade guter Qualität
110 g abgezogene Mandeln, gehackt
340 g Pekannüsse, gehackt
80 g Macadamianüsse, gehackt
225 g getrocknete Aprikosen, fein gehackt
110 g kandierte Ananas, gehackt
110 g Zitronat
2 EL Zitronenschale, fein gerieben
2 EL Orangenschale, fein gerieben
50 g feines Reismehl
55 g Kakaopulver
1 TL gemahlener Zimt
1 TL Lebkuchengewürz
Puderzucker zum Bestäuben

Den Ofen auf 150 °C vorheizen. Eine rechteckige Auflaufform (24 Zentimeter) fetten und mit Backpapier auslegen.

Den Sirup mit dem Zucker und der Marmelade aufkochen. Bei geringer Hitze 5 Minuten unter gelegentlichem Rühren köcheln lassen– der Zuckersirup wird dick und schaumig. Beiseitestellen und etwas abkühlen lassen. Die Schokolade einrühren.

Die gehackten Nüsse mit den Früchten, dem Zitronat und den Zitrusschalen mischen. Das Mehl, das Kakaopulver und die Gewürze verrühren und zur Nuss-Frucht-Mischung geben.

Den Schokoladensirup über die Nuss-Frucht-Mischung gießen und gut vermengen. In die Auflaufform geben und die Oberfläche glätten. 25 Minuten backen. Bei leichtem Druck fühlen sich die Panforte fest an. Anschließend großzügig mit gesiebtem Puderzucker bestäuben und auf Zimmertemperatur abkühlen lassen. In schmale Streifen schneiden und servieren.

tea time

Lamington Fingers

Die typisch australischen Biskuitfinger oder –würfel mit Schoko-Kokosnuss-Glasur sind ein Gedicht. Zwar gibt es glutenfreie Versionen zu kaufen, aber zur Sicherheit kommt hier ein Rezept zum Selbermachen.

Ergibt 10 Stück

70 g Erdbeerkonfitüre

120 g Kokosraspeln

Biskuit

5 Eier

200 g Zucker

80 g feines Reismehl

40 g glutenfreies Vanillepuddingpulver

1 TL Xanthan (nach Belieben)

1 TL glutenfreies Backpulver

Glasur

85 g Puderzucker

3 EL Kakaopulver

20 g Butter, geschmolzen

2 TL Vanille-Essenz

Den Ofen auf 180 °C vorheizen. Zwei quadratische Auflaufformen (15 Zentimeter) fetten.

Für den Biskuitteig die Eier mit dem elektrischen Rührer 8 Minuten dick und schaumig schlagen. Den Zucker zu den Eiern geben und weiterschlagen, bis der Zucker gelöst ist.

Das Mehl, das Vanillepuddingpulver, das Xanthan und das Backpulver dreimal in eine Schüssel sieben oder mit einem Schneebesen sehr sorgfältig vermischen. Die Mehlmischung vorsichtig unter die Zucker-Ei-Mischung heben.

Den Teig in die Auflaufformen gießen und im vorgeheizten Backofen 25 Minuten backen. Der Biskuit sollte anschließend elastisch sein, wenn man ihn drückt. Auf einem Gitter vollständig abkühlen lassen.

Für die Glasur den Puderzucker und das Kakaopulver in eine Schüssel sieben. Die Butter, die Vanille-Essenz und 3 Esslöffel kochendes Wasser zugeben und glatt rühren.

Die Erdbeerkonfitüre auf einen der beiden Biskuitböden streichen, dann den anderen Boden daraufsetzen. Den jetzt doppelten Biskuitboden in zehn längliche Stücke schneiden. Von allen Seiten in die Schokoladenglasur tauchen, dann mit Kokosraspeln bestreuen. Auf einem Gitter trocknen lassen.

Grundrezept Biskuit

Dieses Rezept verdanke ich meiner Oma. Den Varianten für den Belag sind keine Grenzen gesetzt, aber mein Lieblingsbelag ist und bleibt die Passionsfruchtcreme (Rezept Seite 164), die meine Oma so hervorragend machte.

Ergibt 10 Portionen

150 g glutenfreies Maismehl (Maisstärke)

1 TL Weinstein

½ TL Natron

4 Eier (Zimmertemperatur)

170 g Zucker

Schlagsahne zum Servieren

Den Ofen auf 170 °C vorheizen. Zwei Kuchenformen (20 Zentimeter) leicht fetten und mit Backpapier auslegen.

Das Mehl, den Weinstein und das Natron dreimal in eine Schüssel sieben.

Die Eier und den Zucker mit dem elektrischen Mixer 8–10 Minuten schlagen, bis sich das Volumen mindestens verdreifacht hat. Die Mehlmischung vorsichtig unter die Eimischung heben. Nicht verrühren oder schlagen.

Den Teig in die Formen gießen und 15–20 Minuten im vorgeheizten Ofen backen. 5–10 Minuten in der Form abkühlen lassen, dann auf ein Gitter stürzen.

Den ersten Boden mit Schlagsahne bestreichen und den zweiten Boden aufsetzen. Die Oberfläche mit einem Belag Ihrer Wahl verzieren: Erdbeeren, gehackte Nüsse, glutenfreies Toffee oder Passionsfruchtcreme.

Orangen-Mohn-Häppchen

Die wirklich gelungene Kombination von Orange und Mohn gibt diesen Häppchen aus Mandelmehl das besondere Etwas. Probieren Sie auch Mohn mit Zitrone als Variante.

Ergibt 20–25 Stück

150 g Mandelmehl

170 g Zucker

35 g feines Reismehl

Schale von 1 unbehandelten Orange, abgerieben

2 EL Mohn

2 Eier, getrennt

Den Ofen auf 140 °C vorheizen. Zwei Backbleche mit Backpapier auslegen.

Das Mandelmehl, den Zucker, das Reismehl, die Orangenschale und den Mohn gut vermischen.

Das Eiweiß steif schlagen und vorsichtig unter die Mehlmischung heben. Das Eigelb vorsichtig unterziehen.

Mit einem Teelöffel Häufchen in etwa 2 Zentimeter Abstand zueinander auf das Blech setzen. 20–25 Minuten im vorgeheizten Backofen goldgelb backen. 5 Minuten auf dem Blech, dann auf einem Gitter auskühlen lassen.

Orangen-Mohn-Häppchen

Chocolate-Chip-Cookies

Chocolate-Chip-Cookies

Auf ein Rezept für diese schokoladige Versuchung haben Sie gewartet, geben Sie es zu! Vielleicht machen Sie ja gleich die doppelte Menge?

Ergibt 20–25 Stück
125 g Butter
3 EL brauner Zucker
3 EL Zucker
1 Ei
1 TL Vanille-Essenz
110 g feines Reismehl
75 g glutenfreies Maismehl (Maisstärke)
3 EL Sojamehl
½ TL Natron
3 EL Kakaopulver
200 g Schokoladentropfen

Den Ofen auf 170 °C vorheizen und drei Backbleche mit Backpapier auslegen.

Die Butter mit dem Zucker schaumig schlagen. Das Ei und die Vanille-Essenz zugeben und weiterschlagen.

Die Mehle, das Natron und das Kakaopulver dreimal in eine Schüssel sieben oder mit einem Schneebesen sehr sorgfältig vermischen. Die Mehl-Kakao-Mischung zur Buttermischung geben und gut verrühren. Die Schokoladentropfen einrühren.

Kleine Häufchen von je 2 Esslöffeln auf die Backbleche setzen und im vorgeheizten Backofen 8–10 Minuten knusprig backen. 5 Minuten auf dem Blech, dann auf einem Gitter auskühlen lassen.

Schoko-Rosinen-Bissen

Die Kombination von dunkler Schokolade, Sultaninen und Walnuss ergibt süß-saftige Plätzchen mit Biss.

Ergibt 20–25 Stück
170 g feines Reismehl
45 g Sojamehl
75 g glutenfreies Maismehl (Maisstärke)
1 TL Natron
100 g Butter
1 TL Vanille-Essenz
225 g brauner Zucker
1 Ei
100 g Sultaninen
70 g Walnüsse, gehackt
50 g dunkle Schokoladentropfen

Den Ofen auf 180 °C vorheizen und drei Backbleche mit Backpapier auslegen.

Die Mehle und das Natron dreimal in eine Schüssel sieben oder mit einem Schneebesen sehr sorgfältig vermischen. Die Butter mit der Vanille-Essenz, dem Zucker und dem Ei schaumig schlagen. Die Sultaninen, die Walnüsse und die Schokolade unterrühren.

Je 1 gehäuften Esslöffel pro Plätzchen mit etwa 3 Zentimeter Abstand zueinander auf die Backbleche setzen. Mit einer Gabel leicht flach drücken und 10 Minuten im vorgeheizten Backofen backen. Nur ganz leicht bräunen. 5 Minuten auf dem Blech, dann auf einem Gitter auskühlen lassen.

Passionsfruchtkekse

Für dieses Rezept habe ich fertig gekauftes, glutenfreies Mehl verwendet, das heutzutage überall erhältlich ist. Alternativ können Sie 70 Gramm feines Reismehl und 30 Gramm Tapiokamehl nehmen.

Ergibt 15 Stück

50 g Puderzucker, gesiebt

200 g Butter (Zimmertemperatur), in Stückchen

½ TL Vanille-Essenz

1 EL Orangenschale, fein gerieben

100 g glutenfreies Vanillepuddingpulver

100 g glutenfreies Mehl

Puderzucker zum Bestäuben

PASSIONSFRUCHTCREME

30 g Butter (Zimmertemperatur), in Stückchen

100 g Puderzucker, gesiebt

2 EL frisches Passionsfruchtfleisch

Den Ofen auf 180 °C vorheizen und zwei Backbleche mit Backpapier auslegen.

Den Puderzucker mit der Butter, der Vanille-Essenz und der Orangenschale schlagen.

Das Vanillepuddingpulver mit dem Mehl in eine Schüssel sieben. Das Puddingpulver-Mehl-Gemisch zur Buttermischung geben und verkneten.

Den Teig zu dreißig kleinen Kugeln formen, auf die Backbleche setzen und mit einer Gabel flach drücken. Im vorgeheizten Backofen 10–15 Minuten goldgelb backen. 5 Minuten auf dem Blech, dann auf einem Gitter auskühlen lassen.

Für die Passionsfruchtcreme die Butter mit der Hälfte des Puderzuckers schaumig rühren. Den restlichen Puderzucker und das Fruchtfleisch zugeben und cremig schlagen.

Die Passionsfruchtcreme auf den Boden eines Plätzchens streichen, ein zweites Plätzchen mit dem Boden daraufsetzen und mit den restlichen Plätzchen ebenso verfahren.

Nach Belieben mit etwas Puderzucker bestäuben.

Cornflakes-Cookies

Dies ist die glutenfreie Variante der berühmten afghanischen Kekse. Seien Sie vorsichtig beim Kauf der Cornflakes – viele Sorten enthalten Malz und sind daher nicht glutenfrei.

Ergibt 30 Stück

180 g brauner Zucker
190 g Butter (Zimmertemperatur)
100 g feines Reismehl
65 g Tapiokamehl
1 TL Natron
2 TL glutenfreies Backpulver
2 EL Kakaopulver
100 g glutenfreie Cornflakes

Schokoladenglasur

170 g Puderzucker
1½ EL Kakaopulver

Den Ofen auf 180 °C vorheizen und zwei Backbleche mit Backpapier auslegen.

Den Zucker mit der Butter 2–3 Minuten schaumig rühren.

Die Mehle, das Natron, das Backpulver und das Kakaopulver dreimal in eine Schüssel sieben oder mit einem Schneebesen sehr sorgfältig vermischen. Die Mehl-Kakao-Mischung zur Buttermischung geben und gut verrühren. Vorsichtig die Cornflakes unterheben.

Den Teig zu walnussgroßen Kugeln formen und zwischen den Handflächen etwas flach drücken. Mit 3 Zentimeter Abstand zueinander auf die Backbleche setzen und 8–10 Minuten im vorgeheizten Backofen goldbraun backen. 10 Minuten auf dem Blech, dann auf einem Gitter auskühlen lassen.

Für die Schokoladenglasur das Kakaopulver und den Puderzucker in eine Schüssel sieben. 1½ Esslöffel Wasser zugeben und glatt rühren. Die abgekühlten Kekse mit der Glasur beträufeln und trocknen lassen.

SCUITS

Müslikekse

Diese Kekse sind kräftig und kernig im Biss und daher gut gegen den kleinen Hunger. Wenn Sie an Fruktose-Malabsorption leiden, nehmen Sie ein Müsli mit geringem Anteil an Trockenfrüchten.

Ergibt ca. 35 Stück
100 g glutenfreies Müsli
90 g feines Reismehl
90 g Tapiokamehl
60 g Kokosraspeln
115 g Zucker
½ TL Natron
125 g Butter, zerlassen
2 EL heller Sirup, erwärmt

Den Ofen auf 160 °C vorheizen und zwei Backbleche mit Backpapier auslegen.

Das Müsli mit den Mehlen, den Kokosraspeln und dem Zucker mischen.

Das Natron in 3 Esslöffeln kochendem Wasser auflösen. Die geschmolzene Butter und den Sirup zugeben und gut vermengen. Zu den trockenen Zutaten geben und mischen. Je nach verwendetem Müsli geben Sie etwas Reismehl extra dazu. Die Mischung sollte fest genug sein, um Kugeln daraus zu formen.

Jeweils 1 Teelöffel der Mischung zu einer Kugel formen und mit etwas Abstand zueinander auf die Backbleche setzen. Mit einer Gabel leicht flach drücken, dann 10–12 Minuten im vorgeheizten Backofen goldbraun backen. 10 Minuten auf dem Blech, dann auf einem Gitter auskühlen lassen.

Bananen-Muffins

Die Vorfreude auf diese Muffins beginnt spätestens, wenn sich beim Backen die Aromen in der Küche verbreiten.

Ergibt 12 Stück

170 g feines Reismehl

75 g glutenfreies Maismehl (Maisstärke)

90 g Kartoffelmehl

1 TL Natron

2 TL glutenfreies Backpulver

1 TL Xanthan (nach Belieben)

2 TL Lebkuchengewürz

1 TL gemahlener Zimt

40 g Butter, zerlassen

200 g glutenfreier Vanillejoghurt

2 Eier

2 reife Bananen, zerdrückt

220 g Zucker

Den Ofen auf 170 °C vorheizen. Ein Muffinblech mit zwölf Förmchen fetten oder mit Papierbackförmchen auslegen.

Die Mehle, das Natron, das Backpulver, das Xanthan und die Gewürze dreimal in eine Schüssel sieben oder mit einem Schneebesen sehr sorgfältig vermischen.

Die zerlassene Butter mit dem Joghurt, den Eiern, den zerdrückten Bananen und dem Zucker verrühren und zu den trockenen Zutaten geben. Zwei- bis dreimal mit dem elektrischen Handrührgerät verquirlen.

Den Teig gleichmäßig auf die Muffinförmchen verteilen. Die Förmchen sollten nicht mehr als zu zwei Dritteln gefüllt werden. Im vorgeheizten Backofen 15–20 Minuten goldbraun backen. 5 Minuten ruhen lassen, dann auf einem Gitter auskühlen lassen.

◇ *Statt normalem Joghurt kann laktosefreier Joghurt verwendet werden.*

Erdbeer-Sahne-Muffins

Aprikosen-Joghurt-Schnitte

Beerenjoghurt passt genauso gut zu diesem Rezept. Nehmen Sie dann pürierte Erdbeeren statt Aprikosennektar.

Ergibt 10–12 Portionen

200 g einfache, glutenfreie, süße Plätzchen

60 g Butter, zerlassen

1½ EL Gelatinepulver

500 g glutenfreier, fettarmer Aprikosenjoghurt

2 TL Gelatinepulver zusätzlich

200 ml Aprikosennektar

Die Plätzchen fein zerkrümeln. Die zerlassene Butter zugeben und gut vermengen. Die Mischung auf dem Boden einer Auflaufform (20 x 30 Zentimeter) verteilen und beiseitestellen.

Das Gelatinepulver in einer hitzebeständigen Schüssel in 3 Esslöffeln kochendem Wasser auflösen.

Den Joghurt in eine Schüssel geben, die aufgelöste Gelatine zugeben und glatt rühren. Die Joghurtmischung auf dem Teigboden verteilen und mindestens 2 Stunden kalt stellen.

Das zusätzliche Gelatinepulver in 3 Esslöffeln kochendem Wasser auflösen. Im Wasserbad glatt rühren. Den Aprikosennektar zugeben und vermischen. Den Nektar ca. 5 Zentimeter dick über den Joghurt geben. Weitere 2 Stunden kalt stellen.

◇ *Statt normalem Joghurt kann laktosefreier Joghurt verwendet werden.*

Erdbeer-Sahne-Muffins

Diese schlichten Muffins sind einfach köstlich.

Ergibt 6 Portionen

100 g weiche Butter

150 g Zucker

2 TL Vanille-Essenz

2 Eier (Zimmertemperatur)

100 g feines Reismehl

35 g glutenfreies Maismehl (Maisstärke)

20 g entbittertes Sojamehl

1 TL Natron

2 TL glutenfreies Backpulver

1 TL Xanthan (nach Belieben)

125 ml fettarme Sahne

250 g Erdbeeren, von Stielen befreit und gewürfelt

Puderzucker zum Bestäuben

Den Ofen auf 180 °C vorheizen. Sechs große Muffinförmchen mit Papierbackförmchen auslegen. Den Zucker mit der Butter und der Vanille-Essenz 2–3 Minuten schaumig schlagen. Die Eier einzeln zugeben.

Die Mehle, das Backpulver, das Natron und das Xanthan dreimal in eine Schüssel sieben oder mit einem Schneebesen sehr sorgfältig vermischen. Nach und nach zur Buttermischung geben und gut verrühren. Die Sahne und die Erdbeeren unterheben.

Den Teig in die Förmchen verteilen und im vorgeheizten Backofen 20–25 Minuten backen. Die Oberfläche soll fest und leicht golden sein. 5 Minuten in der Form, dann auf einem Gitter auskühlen lassen. Vor dem Servieren mit Puderzucker bestäuben.

◇ *Die Sahne kann durch laktosefreie Sahne ersetzt werden.*

Limetten-Kokos-Muffins

Die Kiwis in diesem Rezept mögen überraschend sein, aber sie machen die Muffins wunderbar fruchtig.

Ergibt 12 Stück

60 g weiche Butter
180 ml fettarme Milch
2 Eier (Zimmertemperatur)
2 TL Vanille-Essenz
200 g Zucker
170 g feines Reismehl
75 g glutenfreies Maismehl (Maisstärke)
90 g Buchweizenmehl
2 TL glutenfreies Backpulver
1 TL Natron
1 TL Xanthan (nach Belieben)
1 EL geriebene Limettenschale
2 Kiwis, grob gehackt
3 EL Kokosraspeln

Den Ofen auf 170 °C vorheizen. Ein Muffinblech für zwölf Muffins mit Papierbackförmchen auslegen.

Die Butter mit der Milch, den Eiern, der Vanille-Essenz und dem Zucker sorgfältig verrühren. Die Mehle, das Backpulver, das Natron und das Xanthan dreimal in eine Schüssel sieben oder mit einem Schneebesen sehr sorgfältig vermischen. Die abgeriebene Limettenschale und die Kiwis zugeben und vermengen. Eine Mulde in die Mitte drücken und die Eimischung zugeben. Vorsichtig verkneten, dann den Teig in die Muffinförmchen verteilen und mit Kokosraspeln bestreuen.

Im vorgeheizten Backofen 20 Minuten backen. Die Oberfläche sollte nach dem Backen fest und leicht golden sein. 5 Minuten in der Form, dann auf einem Gitter auskühlen lassen.

◇ *Normale Milch kann durch laktosefreie Milch ersetzt werden.*

Zitronen-Heidelbeer-Törtchen

Die Kombination des Zitronen- und Heidelbeeraromas macht diese Törtchen zu einer außergewöhnlichen Erfahrung.

Ergibt 8 Portionen

140 g Butter
170 g Puderzucker
35 g glutenfreies Maismehl (Maisstärke)
45 g feines Reismehl
180 g gemahlene Mandeln
5 Eiweiß, leicht verquirlt
1 EL Zitronenschale, fein gerieben
1 EL Zitronensaft
1 TL Vanille-Essenz
200 g Heidelbeeren (frisch oder aus dem Glas)

Den Ofen auf 180 °C vorheizen und acht Muffinförmchen fetten.

Die Butter zerlassen und 3–4 Minuten leicht bräunen. Die Butter dann vom Herd nehmen.

Den Puderzucker mit den Mehlen dreimal in eine Schüssel sieben und die gemahlenen Mandeln zugeben. Das Eiweiß, die Zitronenschale, den Zitronensaft, die Vanille-Essenz und die flüssige Butter zugeben und vermischen.

Den Teig in die Förmchen geben. Nicht mehr als zu zwei Dritteln füllen. Die Heidelbeeren auf dem Teig verteilen. Im vorgeheizten Backofen 12–15 Minuten backen, bis die Oberfläche fest und leicht gebräunt ist. 5 Minuten in der Form ruhen lassen, dann zum Abkühlen auf ein Gitter setzen.

Schmetterling-Cupcakes

Ich mache diese Cupcakes am liebsten mit meiner Nichte Zoe und meinem Neffen Joel. Wir lieben es, die Löcher mit der Creme zu füllen und die Flügel aufzusetzen. Am meisten lieben wir allerdings das Naschen.

Ergibt 12 Stück

150 g Butter (Zimmertemperatur)
150 g Zucker
2 TL Vanille-Essenz
2 Eier, leicht verquirlt
100 g feines Reismehl
50 g glutenfreies Maismehl (Maisstärke)
40 g Tapiokamehl
2 TL glutenfreies Backpulver
1 TL Natron
1 TL Xanthan (nach Belieben)
170 g Sauerrahm
250 ml Sahne, geschlagen
Puderzucker zum Bestäuben

Den Ofen auf 170 °C vorheizen und zwölf Muffinförmchen mit Papierbackförmchen auslegen.

Die Butter mit dem Zucker und der Vanille-Essenz schaumig schlagen. Die Eier einzeln zugeben. Die Mehle, das Backpulver, das Natron und das Xanthan dreimal in eine Schüssel sieben oder mit einem Schneebesen sehr sorgfältig vermischen. Die Mehle portionsweise abwechselnd mit dem Sauerrahm unter die Buttermischung heben.

Den Teig in die Förmchen füllen und im vorgeheizten Backofen 12–15 Minuten goldbraun backen. 5 Minuten in der Form, dann auf einem Gitter auskühlen lassen.

Mit einem schmalen, scharfen Messer einen kleinen Kreis aus jedem Muffin ausschneiden und halbieren. Dies sind die Flügel. Die Löcher mit Schlagsahne füllen, dann die halbierten Teigkreise als Flügel in die Sahne setzen. Vor dem Servieren mit Puderzucker bestäuben.

◇ *Normale Sahne und normaler Sauerrahm können durch laktosefreie ersetzt werden.*

Ananas-Polenta-Törtchen

Polenta gibt diesen Törtchen die leicht körnige Struktur, die mit der saftigen Ananas so gut harmoniert.

Ergibt 12 Stück

150 g glutenfreier, fettarmer Vanillejoghurt
80 g weiche Butter
225 g Zucker
2 TL Vanille-Essenz
3 Eier
170 g Polenta
65 g feines Reismehl
2 EL Kokosraspeln
2 TL glutenfreies Backpulver
1 TL Natron
1 TL Xanthan (nach Belieben)
150 g Ananasstücke aus der Dose, abgetropft

Den Joghurt mit der Butter, dem Zucker und der Vanille-Essenz verrühren. Die Eier einzeln zugeben und zwischendurch weiterschlagen. Die Polenta zugeben und gut vermischen. Zugedeckt 3–4 Stunden oder über Nacht kalt stellen.

Den Ofen auf 180 °C vorheizen und ein Blech mit zwölf Muffinförmchen fetten.

Das Mehl, die Kokosraspeln, das Backpulver, das Natron und das Xanthan sorgfältig vermengen.

Die Hälfte der trockenen Zutaten zur Polentamischung geben und mit dem elektrischen Rührgerät bei geringer Geschwindigkeit sorgfältig verrühren. Die zweite Hälfte der trockenen Zutaten zugeben und gut unterrühren.

Je 1 Esslöffel Ananasstückchen auf die Muffinförmchen verteilen und den Teig daraufgeben. Die Förmchen sollten nur zu zwei Dritteln gefüllt werden. 18–20 Minuten backen, bis die Oberfläche fest ist. 5 Minuten in der Form abkühlen lassen, dann auf ein Gitter setzen. Gestürzt servieren, sodass die Ananasstücke oben zu sehen sind.

◇ *Normaler Joghurt kann durch laktosefreien Joghurt ersetzt werden.*

Schokokuchen für die ganze Familie

Dieser Kuchen gelingt immer, schmeckt Groß und Klein und hat eine absolute Erfolgsgarantie. Mehr als perfekt wird er mit der sündhaft leckeren Schokoglasur. Himmlisch...

Ergibt 12 Portionen

170 g feines Reismehl
75 g glutenfreies Maismehl (Maisstärke)
90 g Kartoffelmehl
70 g Kakaopulver
2 TL glutenfreies Backpulver
1 TL Natron
1 TL Xanthan (nach Belieben)
2 Eier
330 g Zucker
50 g Butter, zerlassen
200 g glutenfreier Vanillejoghurt
160 ml fettarme Milch
Puderzucker zum Bestäuben
Schlagsahne zum Servieren

Schokoglasur

170 g Puderzucker
2–3 EL Kakaopulver
100 g Butter (Zimmertemperatur)
3 EL Milch

Den Ofen auf 170 °C vorheizen. Eine Springform (23 Zentimeter) fetten.

Die Mehle, das Kakaopulver, das Backpulver, das Natron, und das Xanthan dreimal in eine Schüssel sieben oder mit einem Schneebesen sehr sorgfältig vermischen.

Die Eier mit dem Zucker dick und schaumig schlagen. Die zerlassene Butter, den Joghurt und die Milch zugeben und gut vermischen. Die Eiermischung zu den trockenen Zutaten geben und mit dem elektrischen Rührer 2–3 Minuten zu einem glatten Teig verarbeiten.

Den Teig in die Form geben und im vorgeheizten Backofen 50–60 Minuten backen oder bis ein in die Mitte gestochener Holzspieß sauber herauskommt. 5 Minuten in der Form, dann auf einem Gitter auskühlen lassen. Die Oberfläche leicht mit Puderzucker bestäuben oder mit Schokoglasur bestreichen. Mit Schlagsahne servieren.

Für die Schokoladenglasur das Kakaopulver und den Puderzucker in eine Schüssel sieben. Die Butter und die Milch zugeben und gut vermengen. Gleichmäßig auf dem kalten Kuchen verstreichen.

◇ *Milch, Sahne und Joghurt können durch laktosefreie Alternativen ersetzt werden.*

Heidelbeer-Rhabarber-Crumble

Ja, hier kommen die Streusel ohne Kuchen aus. Heidelbeeren aus dem Glas sind besser als frische, da sie sich hervorragend mit dem Rhabarber verbinden.

Ergibt 8 Portionen

700 g Rhabarber, geputzt
115 g Zucker
2 Gläser Heidelbeeren zu je 425 g, abgetropft
3 EL Puderzucker
75 g feines Reismehl
90 g brauner Zucker
2 EL Kokosraspeln
60 g Butter (Zimmertemperatur), in Stückchen
Vanilleeis zum Servieren

Den Ofen auf 180 °C vorheizen und eine eckige Auflaufform (20 Zentimeter) fetten.

Den Rhabarber in 3 Zentimeter lange Stücke schneiden und mit dem Zucker in kochendem Wasser 10 Minuten weich garen. Anschließend noch für 10 Minuten im Kochwasser stehen lassen und dann abgießen.

Den Rhabarber mit den Heidelbeeren und dem Puderzucker vermischen. Die Mischung in die Auflaufform füllen.

Das Reismehl mit dem braunen Zucker und den Kokosraspeln vermengen und die Butter zugeben. Feine Streusel formen und gleichmäßig über die Früchte verteilen. Im vorgeheizten Backofen 30 Minuten goldbraun backen. Mit Eiscreme servieren.

Leichter Käsekuchen mit Passionsfrucht

Den sonst üblicherweise verwendeten Doppelrahmfrischkäse habe ich hier durch Hüttenkäse ersetzt und dadurch den Fettgehalt deutlich reduziert. Statt Passionsfrucht (Maracuja) können Sie auch Zitrone, Limette oder Beeren nehmen.

Ergibt 10 Portionen

200 g glutenfreie, süße Plätzchen

60 g fettarme Margarine, zerlassen

1 EL Gelatinepulver

500 g fettarmer Hüttenkäse

400 ml entrahmte, süße Kondensmilch aus der Dose

Fruchtfleisch von 4 Passionsfrüchten
oder 150 g Passionsfrucht aus der Dose

3–4 Passionsfrüchte
oder 100 g Passionsfrucht aus der Dose, extra, zum Garnieren

Den Boden und die Seiten einer Springform (22 Zentimeter Durchmesser) mit Backpapier auslegen.

Die Plätzchen im Mixer zu feinen Krümeln zerschlagen. Die flüssige Margarine zugeben und gut vermengen. Die Butter-Plätzchen-Mischung auf dem Boden der Kuchenform verteilen, andrücken und 20–30 Minuten kalt stellen.

Den Ofen auf 160 °C vorheizen. Den Boden 10–15 Minuten goldgelb darin backen. Aus dem Ofen nehmen und in der Form abkühlen lassen.

Das Gelatinepulver in 100 Millilitern kochendem Wasser auflösen.

Die Schüssel des Mixers von den Teigresten säubern. Den Hüttenkäse und die Kondensmilch hineingeben und zu einer glatten Creme schlagen. Bei eingeschaltetem Gerät die aufgelöste Gelatine zugeben und zu einer homogenen Masse verrühren. Das Fruchtfleisch der Passionsfrucht mit einem Metalllöffel unterheben. Die Käsemischung auf dem Teigboden verteilen und mindestens 3 Stunden kalt stellen. Das zusätzliche Fruchtfleisch kurz vor dem Servieren über dem Käsekuchen verteilen.

◇ *Der Kuchen ist für Menschen mit Laktoseintoleranz leider nicht geeignet.*

Dekadenter Orangenkuchen

Dies ist eine Variante des klassischen Orangenkuchens ohne Mehl. Der Rotwein, die Anissterne und der Zimt geben ihm sein unvergleichliches Aroma. Wegen des Alkohols ist er jedoch nur für Erwachsene geeignet!

Ergibt 10 Portionen

180 ml Rotwein
1½ EL Zucker
2 große, unbehandelte Orangen, ungeschält, geviertelt
2 Anissterne
1 Zimtstange
6 Eier, leicht verquirlt
300 g gemahlene Mandeln
250 g Zucker, zusätzlich
1 TL glutenfreies Backpulver
feinste Orangenzesten zum Garnieren
Puderzucker zum Bestäuben
Eiscreme zum Servieren

Den Ofen auf 180 °C vorheizen und eine Springform (22 Zentimeter Durchmesser) fetten.

Den Rotwein mit dem Zucker, den Orangen, den Anissternen, der Zimtstange und 300 Milliliter Wasser bei mittlerer Hitze erwärmen und rühren, bis der Zucker gelöst ist. Bei starker Hitze aufkochen und 30–40 Minuten zugedeckt leicht köcheln lassen, bis die Orangen weich sind. Beiseitestellen und abkühlen lassen. Die Zimtstange, die Anissterne und die Orangenkerne aus dem Sirup nehmen.

Die Orangenviertel mit dem Sirup und den Eiern im Mixer pürieren.

Die gemahlenen Mandeln mit dem zusätzlichen Zucker und dem Backpulver mischen. Die Orangenmischung zugeben und mit einem Metalllöffel gut vermengen.

Den Teig in die Form füllen und 40–45 Minuten backen, dann die Oberfläche mit Alufolie abdecken und weitere 15–20 Minuten backen, bis sich die Oberfläche fest anfühlt. In der Form vollständig abkühlen lassen, dann auf ein Gitter setzen. Mit Orangenschale und Puderzucker garnieren und mit Eiscreme als Dessert servieren.

Kaffee-Pekannuss-Kuchen

Dies ist ein wunderbar saftiger Kuchen mit einem feinen Kaffeearoma. Ich mache ihn gerne für Freunde zum Nachmittagstee.

Ergibt 10–12 Portionen

1½ EL Instant-Kaffeepulver
200 g Zucker
160 g Butter (Zimmertemperatur)
3 Eier
130 g feines Reismehl
35 g glutenfreies Maismehl (Maisstärke)
30 g Tapiokamehl
2 TL glutenfreies Backpulver
1 TL Natron
1 TL Xanthan (nach Belieben)
125 g Sauerrahm
Puderzucker zum Bestäuben

Pekannuss-Kruste

40 g Butter (Zimmertemperatur), in Stückchen
90 g brauner Zucker
1½ TL gemahlener Zimt
2 TL Instant-Kaffepulver
225 g Pekannüsse, grob gehackt

Den Ofen auf 180 °C vorheizen. Eine Kastenform (20 Zentimeter) mit Backpapier auslegen. Das Kaffeepulver in 2 Teelöffeln kochendem Wasser auflösen.

Den Zucker mit der Butter 2–3 Minuten schaumig schlagen. Die Eier einzeln zugeben und zwischendurch weiterrühren.

Die Mehle, das Backpulver, das Natron und das Xanthan dreimal in eine Schüssel sieben oder mit einem Schneebesen sehr sorgfältig vermischen. Das gesiebte Mehlgemisch, den Kaffee und den Sauerrahm vorsichtig unter die Buttermischung heben. Den Teig in die Form füllen, die Oberfläche glätten und 35 Minuten im vorgeheizten Backofen backen.

Für die Kruste die Butter mit dem braunen Zucker, dem Zimt und dem Instant-Kaffeepulver schaumig schlagen. Die gehackten Pekannüsse zugeben.

Wenn der Kuchen 35 Minuten im Ofen war, die Tür öffnen und die Pekannuss-Kruste gleichmäßig auf dem Teig verteilen. Mit Alufolie abdecken und weitere 10–20 Minuten backen. Den Kuchen aus dem Ofen nehmen und 10 Minuten in der Form ruhen lassen, dann auf ein Gitter setzen und auf Zimmertemperatur abkühlen lassen. Vor dem Servieren mit Puderzucker bestäuben.

◇ *Der Sauerrahm kann durch laktosefreien ersetzt werden.*

Bananen-Haselnuss-Kuchen

Geben Sie es zu: Mit gestampften Kartoffeln hätten Sie in diesem Kuchen nicht gerechnet. Aber keine Sorge – das Ergebnis ist einfach köstlich. Keine langen Vorreden mehr, probieren Sie es einfach aus!

Ergibt 12 Portionen

4 Eier, getrennt
2 TL Vanille-Essenz
1 TL glutenfreies Backpulver
½ TL Natron
180 g Zucker
40 g Butter (Zimmertemperatur)
1 TL gemahlener Zimt
150 g fein pürierte Kartoffeln, abgekühlt
2 reife Bananen, zerdrückt
150 g gemahlene Haselnüsse
70 g Walnüsse, gehackt
Puderzucker zum Bestäuben

Den Ofen auf 180 °C vorheizen. Eine Springform (24 Zentimeter Durchmesser) mit Backpapier auslegen.

Das Eiweiß mit der Vanille-Essenz, dem Backpulver und dem Natron steif schlagen.

In einer anderen Schüssel das Eigelb mit dem Zucker, der Butter und dem Zimt dick und schaumig schlagen. Dann in einer dritten Schüssel das Kartoffelpüree mit den Bananen, den gemahlenen Haselnüssen und den Walnüssen mischen.

Abwechselnd Eiweiß- und Bananenmischung zu den Eigelben geben und unterheben. Den Teig in die Form füllen und im vorgeheizten Backofen 20 Minuten backen. Mit Alufolie abdecken und weitere 10–15 Minuten backen. Mit Puderzucker bestäuben und servieren.

CAKES

Kerniger Früchtekuchen

Dies ist ein schwerer, reichhaltiger Kuchen voll saftiger Früchte, Ballaststoffe und Aroma. Schon kleine Mengen sind recht sättigend.

Ergibt 10 Portionen

100 g Sultaninen
100 g Rosinen
100 g kandierte Ananas, gehackt
1 TL gemahlener Zimt
½ TL Muskatnuss, frisch gerieben
½ TL gemahlene Nelken
30 g Butter
115 g Zucker
140 g dunkles Reismehl
90 g Buchweizenmehl
2 TL glutenfreies Backpulver
1 TL Natron
1 TL Xanthan (nach Belieben)
3 Eier, leicht verquirlt
170 g Pekannüsse, gehackt
125 g Sonnenblumenkerne
125 g Kürbiskerne
3 EL Kürbiskerne, zusätzlich, zum Garnieren
3 EL Sonnenblumenkerne, zusätzlich, zum Garnieren

Den Ofen auf 160 °C vorheizen. Eine Springform (20 Zentimeter Durchmesser) mit Backpapier auslegen.

Die Sultaninen mit den Rosinen, den Ananasstückchen, dem Zimt, dem Muskat, den Nelken, der Butter, dem Zucker und 300 Millilitern Wasser bei geringer Hitze aufkochen. Rühren, bis der Zucker gelöst ist. 1 Minute sprudelnd kochen lassen, dann die Hitze reduzieren und 2–3 Minuten köcheln lassen. In eine Schüssel umfüllen und auf Zimmertemperatur abkühlen lassen.

Die Mehle, das Backpulver, das Natron und das Xanthan dreimal in eine Schüssel sieben oder mit einem Schneebesen sehr sorgfältig vermischen.

Die Eier, die Pekannüsse, die Sonnenblumenkerne und die Kürbiskerne zur Rosinenmischung geben, dann das Mehl unterrühren. Den Teig in die Form geben und die zusätzlichen Kerne auf die Oberfläche streuen. Mit Alufolie abdecken und 50 Minuten im vorgeheizten Ofen backen. Die Folie dann entfernen und weitere 20 Minuten backen.

Zimtkuchen

Als Dessert können Sie diesen herrlichen Kuchen mit Beerencoulis servieren. Meist sinkt der Kuchen in der Mitte etwas ein, was aber das Aroma nicht beeinträchtigt.

Ergibt 12 Portionen

330 g Zucker
190 g Butter, in Stückchen
2 TL Vanille-Essenz
3 Eier
90 g feines Reismehl
30 g Sojamehl
3 EL glutenfreies Maismehl (Maisstärke)
2 TL glutenfreies Backpulver
1 TL Natron
1 TL gemahlener Zimt
1 TL Xanthan (nach Belieben)
100 g fein gemahlene Haselnüsse
250 g fettarmer Sauerrahm
Puderzucker zum Bestäuben
Schlagsahne zum Servieren

Den Ofen auf 170 °C vorheizen. Eine Springform (23 Zentimeter Durchmesser) mit Backpapier auslegen.

Den Zucker mit der Butter und der Vanille-Essenz 2–3 Minuten schaumig schlagen. Die Eier einzeln zugeben und zwischendurch weiterschlagen.

Die Mehle, das Backpulver, das Natron, den Zimt und das Xanthan dreimal in eine Schüssel sieben oder mit einem Schneebesen sehr sorgfältig vermischen. Die gemahlenen Haselnüsse unterrühren.

Die trockenen Zutaten abwechselnd mit dem Sauerrahm vorsichtig unter die Buttermischung heben. Den Teig in die Form geben und im vorgeheizten Backofen 50–60 Minuten backen. Anschließend 10 Minuten in der Form, dann auf einem Gitter auskühlen lassen. Mit Puderzucker bestäuben und mit Schlagsahne servieren.

◇ *Der Sauerrahm kann durch laktosefreien ersetzt werden.*

Glossar

Beschwerdefrei essen – oft gibt es diese Sicherheit nur, wenn man selbst bäckt und kocht. Aber auch hier gilt: Eine sorgfältige Auswahl der Lebensmittel hat oberste Priorität. Der Blick auf die Inhaltsstoffe gibt Auskunft darüber, ob ein Produkt glutenhaltige Zutaten oder Spuren davon enthält. Vor allem die versteckte Zugabe von Gluten oder glutenhaltigen Zutaten in vielen Halbfertig- und Fertigprodukte (z. B. in Suppen, Puddings, Pommes frites, Eis, Milchprodukten mit Frucht, Ketchup, Gewürzmischungen, Bier etc.) sollte beim Einkauf beachtet werden. Ganz sicher kann man sich sein, wenn auf Produkten das "Glutenfrei Symbol" (durchgestrichenen Ähre) der Deutschen Zöliakie Gesellschaft e.V. zu finden ist. Durch regelmäßige Laboruntersuchungen garantiert es die Glutenfreiheit der Produkte.

Natürlich unterscheiden sich auch glutenfreie Lebensmittel verschiedener Hersteller in Geschmack und Konsistenz. Probieren Sie einfach so lange, bis Sie gefunden haben, was Ihnen schmeckt. Mittlerweile finden sich in den meisten Supermärkten vermehrt auch Regale mit Produkten für Menschen mit Lebensmittelunverträglichkeiten. Ansonsten bekommt man vieles nach wie vor in Reformhäusern, Bio-Supermärkten, Naturkostläden oder dem Internet. Unter www.dzg-online.de hat die Deutsche Zöliakie Gesellschaft e.V. eine große Fülle an Informationen zu den verschiedensten Herstellern und Bezugsquellen glutenfreier Produkte zusammengestellt.

Amaranth

Amaranth ist das seit alters her bekannte, sehr proteinreiche Samenkorn eines Fuchsschwanzgewächses. Amaranthmehl wird wegen seines starken Geschmacks selten allein zum Backen verwendet, kommt aber in Mehlmischungen zum Einsatz und wird auch in Frühstückszerealien gern verwendet.

Backpulver

Backpulver ist ein Triebmittel. Nicht alle Backpulver sind glutenfrei – achten Sie beim Einkauf auf die Packungsangaben. Backpulver kann aus 1 Teelöffel Weinstein und ½ Teelöffel Natron selbst hergestellt werden. Diese Menge reicht für 120 Gramm glutenfreie Mehlmischung.

Buchweizen

Trotz des irreführenden Namens hat Buchweizen mit Weizen rein gar nichts zu tun. Tatsächlich gehört Buchweizen, wie der Rhabarber, zur Familie der Knöterichgewächse. Er hat einen starken, nussigen Geschmack und wird oft als Mehl zum Beispiel für Pfannkuchen verwendet.

Guarkernmehl (E 412)

Dieses pflanzliche Verdickungsmittel wird in der Lebensmittelindustrie unter dem Namen E 412 verwendet, ist aber auch für das heimische Backen erhältlich. Es ist der gemahlene Samen der Guarbohne Cyamopsis Tetragonolobus. Guarkernmehl wird wie Xanthan verwendet, um Gebäck elastisch und saftig zu halten. Es ist in Reformhäusern erhältlich.

Hirse
Hirse ist ein glutenfreier Grassamen, der sich zur Zubereitung von Brei eignet. Die Samen können wie Reis gekocht als Grundlage für Salate und herzhafte Beilagen verwendet werden.

Kartoffelmehl
Kartoffelmehl ist vollkommen geschmacksneutral und wird aus der Stärke der Kartoffel hergestellt. Es findet Verwendung zum Andicken von Saucen in süßen und herzhaften Gerichten. Die Sauce wird allerdings ein bisschen geleeartig. Kartoffelmehl passt gut in eine glutenfreie Mehlmischung und eignet sich besonders für Kuchen und Muffins, auch als Ersatz für Tapiokamehl und Pfeilwurz. Es ist in Asia-Läden erhältlich.

Kichererbsenmehl
Die Kichererbsen werden für dieses Mehl geröstet und fein gemahlen, besonders in der indischen Küche wird es gern verwendet. Es ist ein guter Ersatz für Sojamehl, das von manchen Menschen nicht vertragen wird. Ähnlich dem Sojamehl ist es proteinreich und mit kräftigem Geschmack, daher wird es Mehlmischungen nur in kleinen Mengen zugegeben.

Maismehl (Maisstärke)
Glutenfreies Maismehl muss wirklich ganz aus Mais hergestellt sein. Es hat kaum Eigengeschmack, wenig Protein und ist eine hervorragende Zutat zu glutenfreien Mehlmischungen. Auch zum Andicken von Saucen ist Maismehl perfekt. Geläufigere Speisestärkeprodukte enthalten oft Weizen – ein genaues Studium der Packungsangabe ist also angebracht.

Mandelmehl
Mandelmehl besteht aus fein gemahlenen Mandeln und wird häufig zum Backen verwendet. Es dient als Grundlage für Kuchen ohne Mehl.

Milch und Milchprodukte
Milch und Milchprodukte wie Naturjoghurt, Quark, Buttermilch, Frischkäse natur etc. sind in unverarbeitetem Zustand eigentlich immer glutenfrei, denn eine reine Konservierung der Produkte durch z. B. Pasteurisierung beeinflusst den Glutengehalt nicht. Vorsichtig sollte man jedoch bei fertigen Zubereitungen mit Früchten (Fruchtjoghurts, -quarks, -drinks) oder Kräutern (Frischkäsezubereitungen mit Kräutern etc.) sein. Hier werden, wie bei vielen anderen Halbfertig- und Fertigprodukten auch, glutenhaltige Zutaten zugegeben, um das Produkt z. B. zu binden oder das Aroma zu verstärken. Personen, die unter Laktoseintoleranz leiden, sollten laktosefreie Alternativen bei der Zubereitung der Gerichte nutzen.

Pfeilwurz
Pfeilwurz, auch Pfeilwurzelmehl genannt, wird aus einer tropischen Pflanze hergestellt. Es ist vollkommen geschmacksneutral und hat wenig Eiweiß. Es geliert leicht und wird daher zum Andicken von Fruchtsaucen verwendet. Für herzhafte Saucen wie Käsesaucen ist es nicht geeignet.

Polenta
Polenta besteht aus gemahlenen Maiskörnern. Sie kann in der Feinheit variieren und wird in gröberer Form als Paniermehl verwendet. Gekocht kann sie sämig wie Püree oder als festes Maisbrot zubereitet werden.

Quinoa
Die Einsatzgebiete von Quinoa sind vielseitig: als Nudeln oder Mehl und im ganzen Korn gekocht wie Reis für Salate oder Beilagen. Quinoa hat einen leicht bitteren Geschmack. Es wird in Reformhäusern angeboten.

Reismehl

Weißes Reismehl ist der Hauptbestandteil glutenfreier Mehlmischungen und daher eine der wichtigsten Zutaten der glutenfreien Küche. Die Feinheit kann variieren – feines Reismehl lässt sich am vielseitigsten verwenden und ist in Asia-Läden erhältlich. Reismehl ist geschmacksneutral und kann auch zum Andicken von Saucen verwendet werden. Dunkles Reismehl aus Naturreis kann beim Backen den Anteil an Ballaststoffen erhöhen.

Sojamehl

Sojamehl ist ein sehr proteinreiches Mehl aus der Sojabohne. Es kann einen strengen und manchmal auch bitteren Geschmack haben. Die Bitterkeit nimmt beim Garen ab, trotzdem ist entbittertes Mehl zu empfehlen. Sojamehl ist mengenmäßig ein geringer, qualitativ aber ein wichtiger Anteil in glutenfreien Mehlmischungen. Es wird in Reformhäusern angeboten.

Tapiokamehl

Tapiokamehl wird aus der getrockneten Stärke der Maniokwurzel hergestellt. Es hat wenig Eigengeschmack, enthält wenig Protein und ist ein nützlicher Bestandteil glutenfreier Mehlmischungen. Es findet Verwendung zum Andicken von Saucen in süßen und herzhaften Gerichten. Die Sauce wird allerdings ein bisschen geleeartig. Es ist ein guter Ersatz für Kartoffelmehl und Pfeilwurz. Tapiokamehl ist erhältlich in Asia-Läden und Reformhäusern.

Xanthan (E 415)

Xanthan ist ein natürliches Gelier- und Verdickungsmittel, das Backwaren elastisch und feucht hält. Es wird als cremefarbenes Pulver verkauft, das mikrobakteriell durch Bakterien namens Xanthomonas campestris hergestellt wird. Es ist das am meisten verwendete Verdickungsmittel in der glutenfreien Küche, kann aber durch Guarkernmehl ersetzt werden. Es wird in Reformhäusern angeboten.

Register

D

E

F

G

Q

R

S

Hinweise

Die in diesem Buch angegebenen Löffelmaße beziehen sich auf gestrichene Standardlöffel, das heißt:

1 Esslöffel (EL) = 15ml

1 Teelöffel (TL) = 5ml

Backöfen sollten auf die angegebene Temperatur vorgeheizt werden. Bei Heißluftbacköfen bitte die Herstellerangaben zur Anpassung von Zeit und Temperatur berücksichtigen.

Einige Gerichte enthalten Nüsse, Mandeln oder Ähnliches. Menschen, die überempfindlich oder allergisch auf Nüsse reagieren oder solche, die Gefahr laufen eine Allergie zu entwickeln (wie ältere Menschen, Babys, Kinder, Schwangere und stillende Frauen), sollten auf Nüsse und Nussöle verzichten. Außerdem empfehlen wir, die Packungsangaben von vorgefertigten Zutaten sorgfältig zu lesen, weil hier möglicherweise Nüsse, Mandeln oder Ähnliches enthalten sein können.

Dieses Buch darf nicht als Ersatz für professionelle medizinische Beratung und Behandlung gelten. In allen gesundheitlichen Fragen sollte ein Arzt konsultiert werden. Die Ratschläge in diesem Buch sind von den Autoren und dem Verlag sorgfältig erwogen und geprüft, dennoch kann eine Garantie nicht übernommen werden. Eine Haftung der Autoren und des Verlages für Personen-, Sach- und Vermögensschäden ist ausgeschlossen.

Impressum

First published in Australia in 2007 and 2009
by Penguin Group Australia Ltd.

Übersetzung
Jutta Profijt, Mönchengladbach

Lektorat
Vanessa Herzog, Neustadt an der Weinstraße

Satz und Herstellung
Birgit Wucher, Neustadt an der Weinstraße

Druck und Verarbeitung
Printer Trento S.r.l., Trento

ISBN: 978-3-86528-129-6
Printed in Italy

Mehr Informationen zum Thema Zöliakie erhalten Sie bei der DZG:

Deutsche Zöliakie-Gesellschaft e.V.
Filderhauptstraße 61
70599 Stuttgart
Telefon: 0711 – 45 99 81 – 0
E-Mail: info@dzg-online.de
www.dzg-online.de

Die DZG e.V. ist Inhaberin der Marke "Durchgestrichene Ähre"